EL MÉDICO DE SU HONRA

PEDRO CALDERÓN DE LA BARCA

EL MÉDICO
DE SU HONRA

Edición,
introducción y notas
de
D. W. CRUICKSHANK

clásicos *castalia*

Madrid

© Editorial Castalia, 1989
Zurbano, 39 - 28010 Madrid
Tel. 91 3195857 - Fax 91 3102442
www.castalia.es

Impreso en España - Printed in Spain

I.S.B.N.: 84-7039-389-8
Depósito Legal: M. 30.728-2003

SUMARIO

INTRODUCCIÓN

BIOGRÁFICA Y CRÍTICA

LA "JUVENTUD DESORDENADA" DE CALDERÓN

D E S D E algunos puntos de vista, la biografía de Calderón que don Emilio Cotarelo y Mori compuso hace ya casi sesenta años, nos es todavía de gran utilidad. [1] A primera vista, los investigadores modernos han corregido solamente detalles de la obra de Cotarelo. En su conjunto, sin embargo, estos detalles indican que la opinión "tradicional" sobre la juventud de Calderón no es enteramente correcta. La biografía tradicional alude a su excomunión mientras asistía a la Universidad de Salamanca; al hecho de que no lograra obtener un título universitario; a su participación, junto con sus hermanos, en la muerte del hijo de un criado del duque de Frías en 1621; a su vida de soldado (con todo lo que ello implica) en Italia y Flandes en 1623-25; y al episodio de fray Hortensio Paravicino en 1629, con la indecorosa conducta de Calderón en un convento, el insulto público dirigido a fray Hortensio, predicador de su Majestad, y la interpolación ilegal de unos versos en el texto de una comedia después de que ésta fuese aprobada para su representa-

---

[1] E. Cotarelo y Mori, *Ensayo sobre la vida y obras de D. Pedro Calderón de la Barca*, Madrid, 1924; publicado también en el *Boletín de la Real Academia Española*, VIII (1921), 517-62, 657-704; IX (1922), 17-70, 163-208, 311-44, 429-70, 605-49; X (1923), 5-25, 125-57. Cotarelo no alude a todas las "mocedades" mencionadas aquí.

ción. Finalmente, también se menciona un poema ("Curiosísima señora...") aparentemente autobiográfico, aunque de fecha incierta, en el que se habla de cierta cicatriz
en la sien izquierda recibida como resultado de un lance
sobre una dama. La suma de estos incidentes nos dejaba
entrever a un joven caballero, apasionado e impetuoso,
en conflicto con las autoridades y siempre dispuesto a reaccionar violentamente contra cualquier imaginada mancilla
a su honor: el tipo de hombre que escribiría aprobato-
riamente sobre maridos que matan a sus esposas bajo la
sospecha de adulterio.

No cabe duda de que Calderón reaccionó contra el
autoritarismo de su padre, quien, a juzgar por su testamento, tuvo que ser un hombre muy estricto, e incluso
severo, con sus hijos. [2] Hoy podemos percibir cómo esta
desafortunada circunstancia está reflejada en la adversa ca-
racterización de las figuras de los padres en obras como
La vida es sueño, La devoción de la cruz y *Las tres jus-
ticias en una.* [3] Esto nos ayuda a comprender que la de-
cisión que tomara Calderón en su juventud de no hacerse
sacerdote, fuera una reacción contra las explícitas ins-
trucciones que dejó su padre en el testamento; y posible-
mente explica también sus dificultades en Salamanca y su
inhabilidad para acabar su carrera universitaria. El motivo de la "excomunión" es fácil de establecer: Calderón
no pudo pagar su alquiler; el alquiler se le debía a un
convento; la excomunión en estos casos resultaba auto-
máticamente. Sabemos muy poco sobre el asunto del duque de Frías; fue resuelto mediante compensación, sin
necesidad de acudir a juicio, y el duque no le pudo guardar rencor, ya que, andando el tiempo, don Pedro entraría
a su servicio. En cuanto a su servicio militar en 1623-25,
Vera Tassis es el primero en mencionarlo. Vera, sin embargo, nació en 1636 y, al solicitar en 1647-48 una pen-

---

[2] Narciso Alonso Cortés, "Algunos datos relativos a don Pedro
Calderón", *Revista de Filología Española,* I (1915), 41-51.
[3] A. A. Parker, "The father-son conflict in the drama of Calderón", *Forum for Modern Language Studies,* II (1966), 288-99.

sión militar al rey, Calderón no incluyó su supuesto servicio militar en Italia y Flandes en su relación de méritos. [4] La verdad es que no sabemos lo que Calderón estaba haciendo en este período de su vida.

Nuestra información sobre el asunto Paravicino es, por el contrario, excelente, ya que se han preservado los documentos de la investigación del Consejo de Castilla. El cardenal don Gabriel de Trejo y Paniagua, presidente del Consejo, opinó que Calderón había entrado legalmente en el convento, acompañado de la justicia, la cual venía en busca de un actor que había acuchillado alevosamente a uno de sus hermanos; que Paravicino, por consiguiente, no tuvo razón al criticar a Calderón en uno de sus sermones; y que la única ofensa de Calderón consistía en haber añadido seis versos a una comedia después que el censor la hubiese aprobado. Los versos hacían burla del pomposo estilo oratorio de Paravicino, pero el cardenal Trejo los consideró inofensivos. Calderón pasó unos días de arresto domiciliario mientras duraba la investigación, y al final tuvo que suprimir los seis versos. Y eso fue todo. [5] En cuanto al poema autobiográfico, se ha demostrado que casi con seguridad no es de Calderón. [6] Parece, pues, que la evidencia que poseíamos de un Calderón altivo y temperamental no es tan sólida como creíamos a primera vista.

No hay duda de que Calderón era un hombre orgulloso. Incluso en 1651, en su carta al Patriarca de las Indias, el tono que emplea, aunque respetuoso hacia su superior, deja entrever un poco de soberbia. [7] Es posible

---

[4] E. M. Wilson, "Un memorial perdido de don Pedro Calderón", en *Homenaje a William L. Fichter*, Madrid, 1971, pp. 801-817.

[5] E. M. Wilson, "Fray Hortensio Paravicino's protest against *El príncipe constante*", *Ibérida: Revista de Filología*, VI (1961), pp. 245-66.

[6] E. M. Wilson, "¿Escribió Calderón el romance *Curiosísima señora*?", *Anuario de Letras*, II (1962), pp. 99-118.

[7] E. M. Wilson, "Calderón y el Patriarca", *Studia Iberica: Festschrift für Hans Flasche*, Bern-München, 1973, pp. 697-703.

ver en las frecuentes referencias en su teatro a la necesidad de "vencerse a sí mismo", un reflejo de una toma de conciencia de una debilidad personal. Sin embargo, es también necesario insistir en que la fogosidad del joven Calderón ha sido indebidamente exagerada. No hay, por tanto, modo alguno de probar, ni necesidad alguna de aducir, el argumento de que Calderón cambiara su actitud hacia el concepto del honor mundano sobre 1640 (cambio reflejado en *El alcalde de Zalamea,* que se supone fue compuesta en 1642 como consecuencia de una experiencia personal en la guerra de Cataluña). En primer lugar, no sabemos con exactitud cuándo se escribió *El alcalde;* una comedia de este título (no necesariamente la suya) fue representada en la corte en 1636.[8] En segundo lugar, en *El príncipe constante,* compuesta como sabemos en 1629, Calderón denuncia ya claramente la vanidad del honor mundano. El enfocar la crítica literaria desde un punto de vista biográfico no es tan inútil como nos quieren hacer creer algunos críticos modernos; pero el que nuestro conocimiento de ciertos detalles biográficos nos haga prejuiciar algunas obras literarias es algo que nunca deberíamos permitir.

De hecho, Calderón tenía buenos motivos para sentirse orgulloso en 1637. Su *Primera parte de comedias* acababa de ser publicada en 1636, y el rey había iniciado su proceso de ordenación de caballero de la Orden de Santiago como premio a sus servicios al teatro real. Su *Segunda parte* recibió la aprobación para ser impresa en febrero de 1637, y el papa Urbano VIII ratificó su título de caballero. El 28 de abril, Calderón se convirtió oficialmente en caballero del hábito de Santiago; y, cuando su *Segunda parte* apareció en el verano de ese mismo año, su nueva dignidad figuraba en la portada. Lope de Vega murió el 27 de agosto de 1635. En menos de dos años, Calderón se había establecido en indisputado sucesor suyo como "dramaturgo nacional".

---

[8] N. D. Shergold y J. E. Varey, "Some early Calderón dates", *Bulletin of Hispanic Studies,* XXXVIII (1961), 275-76.

LA FECHA Y LAS FUENTES DE *El médico de su honra*

El médico de su honra es la quinta comedia de la *Segunda parte* de Calderón. El más antiguo de los documentos incluidos en los preliminares de este volumen lleva la fecha 12 de febrero de 1637. Podemos tener la certeza de que para entonces ya estaba escrita la comedia. Una comedia titulada *El médico de su honra* se representó en el Salón de Palacio en Madrid el 8 de octubre de 1629 (o quizá de 1628), y también el 10 de junio de 1635. La compañía de Antonio García de Prado hizo las dos representaciones. [9] No existen pruebas de que las dos fuesen de la misma comedia: la primera quizá fuera de la otra versión, la fuente principal de Calderón, que ha sido atribuida a Lope; mientras que la segunda podría haber sido la versión de Calderón.

La versión atribuida a Lope se halla en *Las comedias del Fénix de España Lope de Vega Carpio. Parte veinte y siete,* "Barcelona, Sebastián de Cormellas, 1633". Desgraciadamente, esta impresión es fraudulenta y el tomo en su totalidad facticio; la parte que contiene *El médico* fue probablemente impresa en Sevilla sobre 1630. [10] El concienzudo análisis que ha hecho Sloman sobre las fuentes de *El médico* sugiere que nuestro dramaturgo se basó, no en su recuerdo de una representación, sino en el texto de la comedia primitiva. [11] Sería tentador suponer que Calderón utilizara el texto impreso en la *Parte XXVII* de "1633", pero al existir la posibilidad de que este texto (sin mencionar posibles versiones manuscritas) hubiese sido publicado antes de esa fecha, no podemos llegar a ninguna conclusión positiva.

---

[9] Shergold y Varey, *op. cit.,* 281.

[10] D. W. Cruickshank, "The first edition of *El burlador de Sevilla*", *Hispanic Review,* XLIX (1981), 461-65.

[11] A. E. Sloman, *The dramatic craftsmanship of Calderón,* Oxford, 1958, pp. 18-58. Véase también M. Menéndez y Pelayo, *Estudios sobre el teatro de Lope de Vega,* tomo IV, Santander, 1949, pp. 299-311.

La segunda fuente de Calderón fue *Deste agua no beberé,* comedia atribuida a Andrés de Claramonte e impresa en *Doze comedias nuevas de Lope de Vega Carpio, y otros autores. Segunda parte,* "Barcelona, Gerónimo Margarit, 1630". Claramonte murió el 19 de septiembre de 1626. Los personajes principales de la comedia son don Gutierre Alfonso Solís y doña Mencía de Acuña (también aparece el rey don Pedro de Castilla). Una vez más sería tentador concluir que Calderón tomó estos nombres de la edición "Margarit"; pero, al igual que la *Parte XXVII,* este volumen es facticio y fraudulento. El texto de *Deste agua no beberé* parece haber sido impreso por Manuel de Sande en Sevilla sobre 1628.[12]

El drama calderoniano que más se parece a *El médico* es *A secreto agravio secreta venganza,* representado el 8 de junio de 1636, del cual tenemos un manuscrito fechado en 1635.[13] Es la novena comedia de la *Segunda parte* de Calderón. Otros dos dramas que contienen el asesinato de una esposa, *La devoción de la cruz* y *El mayor monstruo los celos,* también parecen haber sido escritos en el período 1630-35. El primero fue impreso en la *Primera parte* de 1636, y el segundo en la *Segunda parte.*

Aunque la evidencia es harto indiciaria, no parece probable que la comedia fuese escrita antes de la representación de 1629. A continuación, ofrezco una cronología hipotética de estas comedias:

— Antes del 19 de septiembre de 1626: se escribe *Deste agua no beberé.*
— Sobre 1628: Manuel de Sande imprime *Deste agua no beberé.*
— 8 de octubre de 1629: se representa la supuesta versión de Lope de *El médico.*[14]

---

[12] Cruickshank, *op. cit.,* en la nota 10.

[13] Shergold y Varey, *op. cit.* en la nota 8, p. 276. Para el manuscrito, véase A. Paz y Melia, *Catálogo de las piezas de teatro que se conservan en el Departamento de Manuscritos de la Biblioteca Nacional,* 2.ª edición, Madrid, 1934-35, tomo I, p. 505.

[14] Es poco probable que la comedia sea de Lope; los esfuerzos para fecharla mediante un estudio de la métrica han pro-

— 1630: se publica *Deste agua no beberé* en *Doze comedias nuevas.*

— Sobre 1630: se imprime la supuesta versión de Lope de *El médico,* en Sevilla.

— 1633: la supuesta versión de Lope se publica en la *Parte XXVII.*

— Sobre 1633-35: Calderón escribe su versión de *El médico.*

— 10 de junio de 1635: se representa la versión de Calderón.

— Julio-agosto de 1637: se publica la versión de Calderón.

Esta cronología es verosímil, pero contiene demasiadas probabilidades para que sea considerada como algo más que una hipótesis. Debemos recordar que la *Segunda parte* contiene dos comedias (*Judas Macabeo* y *Amor, honor y poder*) que fueron representadas en 1623.

* * *

Hace ya algunos años que Edward M. Wilson descubrió la fuente original de *El médico de su honra.* [15] Una de las versiones de *Los siete sabios de Roma* trata de una mujer que trama engañar a su esposo. Como advertencia, el marido hace que un médico la sangre hasta casi desmayarla. La esposa toma nota de la advertencia. Antes del descubrimiento de Wilson, la fuente más antigua que se conocía era una historia semejante, que al parecer había ocurrido realmente en la ciudad de Córdoba. Agustín González de Amezúa la halló en un manuscrito compilado, en opinión suya, alrededor de 1616. Amezúa menciona también una versión sevillana de la misma historia

---

ducido resultados contradictorios: S. G. Morley y C. Bruerton, *Cronología de las comedias de Lope de Vega,* Madrid, 1968, pp. 509-10.

[15] "Algunos aspectos de la historia de la literatura española", en su libro *Entre las jarchas y Cernuda: constantes y variables en la poesía española,* Barcelona, 1977, pp. 18-54 (especialmente 49-54). (Publicado por primera vez en inglés en 1967.)

de más pertinencia para nuestra comedia.[16] No existe
motivo para suponer que Calderón hiciese uso directo de
estas fuentes. Otra fuente indirecta es el romance *La
amiga de Bernal Francés,* el cual sirve de base a las dos
escenas últimas de la jornada segunda (1861-2048). Se
ha demostrado que el autor de la supuesta versión lopesca
utilizó el romance, pero que Calderón sólo se basó en
él indirectamente a través de la versión primitiva de la
comedia.[17]

El trabajo de Sloman sobre la deuda que Calderón debe
a la primera versión de la comedia es difícil de mejorar.
Sloman mostró que, aun introduciendo pocos cambios en
el argumento, Calderón logró omitir escenas y parlamen-
tos superfluos, y hacer un uso mayor y más sistemático
de imágenes y símbolos. Nuestro dramaturgo no utilizó
ni un solo verso de la versión original. En cuanto a *Deste
agua no beberé,* Sloman sugiere que Calderón se limitó
a apropiarse los nombres de don Gutierre Alfonso Solís
y doña Mencía de Acuña. Sin embargo, en la comedia de
Claramonte se utiliza un romance para predecir la muerte
del rey don Pedro, que cantan unas voces misteriosas fuera de la escena, tal como sucede en la obra de Calderón
(2530-33, 2634-37). Además, aunque la comedia acaba, al
parecer felizmente, con la reconciliación del marido, la
esposa y el rey (como don Gutierre, doña Leonor y don
Pedro), la batalla de Montiel tendrá lugar al día siguiente. La profecía, con su concomitante impresión de inmi-
nente tragedia, no aparece en el primer *Médico,* y es probable que Calderón se la deba a Claramonte.

Podemos citar otra fuente menos importante: *El celoso
prudente* de Tirso, donde don Sancho usa la misma metáfora médica de don Gutierre, y con palabras parecidas.

---

[16] A. González de Amezúa, "Un dato para las fuentes de *El
médico de su honra*", *Revue Hispanique,* XXI (1909), pp. 395-411.

[17] A. D. Kossoff, "*El médico de su honra* and *La amiga de
Bernal Francés*", *Hispanic Review,* XXIV (1956), 66-70; y A. E.
Sloman, "Calderón's *El médico de su honra* and *La amiga de
Bernal Francés*", *Bulletin of Hispanic Studies,* XXXIV (1957),
pp. 168-69.

Margaret Wilson las ha citado ya. Éste es el pasaje más significativo: [18]

> Lo primero, pues, que os mando,
> honor, *es guardar la boca*...;
> guardad, honor, pues, *dieta*
> *de silencio* cuerdo y santo.   (Tirso) [19]

> y así os receta y ordena
> el médico de su honra
> primeramente *la dieta*
> *del silencio,* que *es guardar*
> *la boca,* tener paciencia.   (Calderón)

Una característica digna de notar en la supuesta versión lopesca de *El médico* es el desarrollo casi nulo de la metáfora médica. Calderón está aquí en deuda con Tirso, aunque él desarrollara la metáfora con mucho más efecto en su comedia.

Se mencionan pocos hechos históricos en el drama y Calderón los hubiera podido obtener de fuentes puramente literarias. Al comparar estas fuentes literarias con su comedia, nos damos cuenta de que Calderón era un maestro de la síntesis: rechaza lo superfluo; cambia el orden de las escenas para conseguir un efecto mayor; desarrolla las imágenes que le son útiles y las transfiere a situaciones más apropiadas; retiene y explota todo aquello que le parece de valor dramático. Según dijo Menéndez y Pelayo: "Quizá no se ha visto en el mundo perfeccionamiento igual de una invención totalmente ajena... Imitar de este modo vale tanto o más que inventar." [20]

---

[18] M. Wilson, "Tirso and *pundonor*: a note on *El celoso prudente*", *Bulletin of Hispanic Studies,* XXXVIII (1961), 120-25; véase también su libro *Spanish drama of the Golden Age,* Oxford, 1969, pp. 160-62.

[19] Fray Gabriel Téllez, *Comedias escogidas,* edición de J. E. Hartzenbusch, en B. A. E., tomo V, p. 631a.

[20] *Estudios sobre el teatro de Lope de Vega,* tomo IV, pp. 303, 305. Se ha referido también, en relación con *El médico de su honra,* a una comedia de Antonio Enríquez Gómez, *A lo que obliga el honor.* No se publicó, sin embargo, hasta 1642, en Burdeos; se ha sugerido que fue compuesta hacia 1640.

Metáfora y símbolo en *El médico de su honra*

El médico de su honra es un drama inquietante y perturbador. Hace cien años, a Menéndez y Pelayo le turbaba lo que él describió como "falsedad moral del pensamiento". [21] Aplaudió muchos aspectos de este drama, pero sólo después de hacer constar su animadversión hacia la sugerencia de Calderón (según él creía) de que una esposa inocente debiera morir para preservar el honor del marido. La crítica de los últimos años ha comenzado a analizar esta obra de una manera diferente, a través de sus metáforas y símbolos, entre los cuales figura prominentemente la medicina. Junto con otros enfoques críticos, este análisis nos ha llevado a una interpretación muy diferente del drama; una interpretación que ha recibido bastante aceptación, aunque no universalmente.

Como Wardropper señaló en 1958, la metáfora médica de don Gutierre es una adaptación de la metáfora que informa los *Remedia amoris* de Ovidio. [22] Como tal, tuvo que parecer al público al mismo tiempo conocida y original. Sin embargo, el público (o el lector) no asocia esta metáfora con don Gutierre, aparte del título, hasta los versos 1659-1712; o sea, hasta mediados de la obra. No obstante, para entonces ya se han hecho varias referencias a la salud y la enfermedad; pues don Gutierre no es el único personaje preocupado por estos asuntos. Incluso después que don Gutierre ha utilizado esta metáfora, los otros personajes continúan haciendo sus propias referencias al tema de la salud.

La primera vez que se menciona la salud en la obra se hace de una manera no metafórica, sino literal. Después que don Enrique acaba de caer de su caballo, y que

---

[21] M. Menéndez y Pelayo, *Calderón y su teatro*, Madrid, 1881 (4.ª ed., 1910), p. 318.

[22] B. W. Wardropper, "Poesía y drama en *El médico de su honra* de Calderón", en *Calderón y la crítica: historia y antología*, Madrid, 1976, tomo II, pp. 588-89 (publicado en inglés en 1958).

don Arias ha descrito sus síntomas ("A un tiempo ha
perdido / pulso, color y sentido", 10-11), don Pedro sugiere un tratamiento para que recobre la salud (13-17).
Wardropper señaló que la caída literal del amante de
doña Mencía y su necesidad de tratamiento tienen su paralelo en la probable caída metafórica y la necesidad de
tratamiento de la misma doña Mencía.[23]

La enfermedad de don Enrique da pie a varias referencias a la salud. Hay ocho de estas referencias en la primera jornada, y todas, menos una, se refieren a don Enrique. Las hacen cuatro personajes diferentes: 17, don
Pedro; 159, 175, 207, doña Mencía; 228, don Arias; 313,
doña Mencía; 367, 821, don Gutierre. Algunas están ex-
presadas de tal forma que parecen indicar que la salud
de todo el reino depende de la salud de sus gobernantes
y de la del rey en particular:

> Dame, gran señor, las plantas,
> que mil veces toco y beso,
> agradecido a la dicha
> que en tu salud nos ha vuelto
> la vida a todos.
>
> (225-9, don Arias a don Enrique)

> ... vengáis con la salud
> que este reino ha menester...
>
> (821-2, don Gutierre a don Pedro)

Aunque estas expresiones eran lugar común en aquella
época, no pueden menos de adquirir un significado especial en el contexto de las otras referencias a la salud.

Cuando don Gutierre usa la palabra "remedio", le
añade su propio sentido metafórico especial (2139); don
Pedro le imita (2143, 2169, 2926); pero don Arias la utiliza primero, literalmente y en su sentido metafórico "ordinario" (119-20). Jacinta la usa también en su "ordinario"

---

[23] Wardropper, "Poesía y drama...", p. 587.

sentido metafórico (2392). Adicionalmente, los personajes hacen observaciones que aluden vagamente a la salud metafórica o literal, o se preguntan por la salud: "¿cómo está / vuestra Alteza?" (doña Mencía, 201-2), "¿cómo os sentís?" (don Pedro, 811), "Infante, ¿cómo estáis?" (don Pedro, 1486-87) y "¿Qué tienes estos días, / Coquín...?" (Jacinta, 2415-16).

Más importantes que los comentarios de cualquier otro personaje, con excepción de don Gutierre, son los que hace el gracioso Coquín. Es bien conocida la práctica calderoniana, y muy en evidencia en esta obra, de permitir que los graciosos comenten las acciones de los personajes principales. Coquín aparece por primera vez en la quinta de don Gutierre, donde subraya la importancia de la caída de don Enrique, haciendo un chiste sobre ella (466-78). No hay ninguna referencia médica aquí, pero, en su segunda aparición, en su encuentro con el rey, concierta con él que si no lograra hacerle reír en un mes, le harían sacar todos los dientes (775-808). Al aceptar el contrato, hace un juego de palabras sobre el sentido legal y físico de la expresión "inorme lesión" (785-88). Sin embargo, esto es muy poco en comparación con los comentarios que hace en su tercera aparición, cuando anima a su amo a aceptar una industria que le sacaría de prisión, "sin lisión, / sano y bueno" (1258-59). Cuando don Gutierre le pregunta en qué consiste la industria, Coquín contesta:

> No volver allá.
> ¿No estás bueno? ¿No estás sano?
> Con no volver, claro ha sido
> que sano y bueno has salido.   (1260-3)

Más tarde, cuando vuelve a encontrarse en presencia del rey que le pregunta "¿Cómo va?", responde "De corpore bene", y le cuenta la historia del capón que llevaba una bigotera para proteger su inexistente bigote:

> ¿No te ríes de pensarle
> curándose sobre sano...?   (1466-7)

Quizá más significativo es el chiste que le cuenta a Jacinta, después que ella le ha preguntado por qué anda tan triste:

> COQUÍN: Metíme a ser discreto
> por mi mal, y hame dado
> tan grande hipocondría en este lado
> que me muero.
> JACINTA: ¿Y qué es hipocondría?
> COQUÍN: Es una enfermedad que no la había
> habrá dos años, ni en el mundo era.
> Usóse poco ha, y de manera
> lo que se usa, amiga, no se excusa,
> que una dama, sabiendo que se usa,
> le dijo a su galán muy triste un día:
> 'tráigame un poco uced de hipocondría'.
> Mas señor entra agora.   (2418-29)

Lo pertinente del chiste en relación a don Gutierre es claro por la manera en que casi lo interrumpe con su llegada: es un recurso teatral no, por lo común, menos efectivo.

Como complemento final de esta lista de referencias médicas, debemos mencionar que Coquín no es el primero ni el último personaje en usar la expresión *curarse sobre sano*: doña Mencía la usa primero específicamente en el contexto del honor:

> En salud me he de curar.
> Ved, honor, cómo ha de ser,
> porque me he de resolver
> a una temeraria acción.   (1243-6)

La "cura" de doña Mencía es un fracaso: como resultado de ella, don Gutierre encuentra la daga de don Enrique en su casa, lo cual le lleva a sospechar que doña Mencía dejó caer la luz deliberadamente. Más tarde, mientras doña Mencía se pregunta cómo debería reaccionar a las nuevas de la salida de don Enrique de Sevilla, Jacinta le ofrece un consejo parecido, aunque con palabras diferentes:

                                    Agora
             el remedio mejor será, señora,
             prevenir este daño.   (2391-3)

En esta ocasión también, el remedio empeora la enfermedad.

En su totalidad, estas numerosas referencias a la salud y a la medicina en general sirven para subrayar la importancia de la metáfora de don Gutierre; para hacernos más conscientes de ella; y también para hacernos sospechar de su idoneidad. El chiste de Coquín sobre un capón "curándose sobre sano" insinúa no solamente que el honor de don Gutierre está sano, y que por lo tanto no necesita cura, sino también que don Gutierre no es un marido competente (lo cual es completamente cierto, aunque no en el sentido que le da el chiste). Otro chiste sobre la hipocondría, una enfermedad imaginaria, coincide con la entrada de don Gutierre: su aplicación es evidente. En cuanto a la idea de Coquín para salir de prisión "sano y bueno", debemos notar que don Gutierre insiste en volver a prisión por una cuestión de honor: al escoger el honor como guía, don Gutierre escoge la enfermedad. Ni está sano ni está bueno. Finalmente, la esposa de don Gutierre trata en dos ocasiones de curarse en salud, sin éxito de ninguna clase. La metáfora que usa doña Mencía y su fracaso son evidentemente importantes para comprender el significado de la metáfora de don Gutierre. Claramente, el honor de don Gutierre corre peligro a causa de don Enrique. Usando su misma metáfora, podríamos decir que lo ha expuesto al contagio; pero podemos ver manifiestamente que no está enfermo del modo que él cree. Por tanto, la expresión "curarse en salud" también puede aplicarse a don Gutierre; y, como en el caso de doña Mencía, podemos esperar también un revés en su cura. Doña Mencía se enfermó al tratar de curarse. ¿Le pasará lo mismo a don Gutierre?

Si tomamos la metáfora de don Gutierre, y la analizamos con el espíritu crítico fomentado por el estudio de las referencias de los otros personajes a la medicina y la

salud, nos damos cuenta de que su metáfora no es apta
para su propósito; o, mejor dicho, que ha escogido una
metáfora que oculta su propósito verdadero. Un médico,
un hombre que ha tomado el juramento hipocrático, debe
curar a su enfermo. De vez en cuando, el médico comete
un error, y el enfermo muere; pero en este caso, *la muerte
es el remedio*. Que esto es así, está claro a través de las
expresiones que usan don Gutierre y los que, como él,
aceptan la validez de la metáfora (por ejemplo, el rey
y doña Leonor):

> Celos dije;
> pues basta; que cuando llega
> un marido a saber que hay
> celos, faltará la ciencia;
> y es la cura postrera
> que el médico de honor hacer intenta.
>
> (Don Gutierre, 1707-12)

> Pues ya que de vuestro honor
> médico os llamáis, decidme,
> don Gutierre, ¿qué remedios
> antes del último hicisteis?
>
> (Don Pedro, 2141-4)

> Cura con ella [la ciencia]
> mi vida, en estando mala.
>
> (Doña Leonor, 2948-9)

Las expresiones "cura postrera" y "último remedio" son
eufemismos de asesinato; "cura mi vida" es un eufemis-
mo que vale "mátame". Don Gutierre emplea esta metáfora para decir que lo negro es blanco. [24]

Viviendo en una época en que la profesión médica es
de las más respetadas, quizá debamos recordar que esto
no fue siempre así. Antes de 1492, muchos médicos en
España eran judíos; después, muchos eran cristianos nue-

---

[24] A. A. Parker, "Metáfora y símbolo en la interpretación de
Calderón", en *Actas del Primer Congreso Internacional de Hispanistas*, Oxford, 1964, p. 149.

vos. En una sociedad que era todavía antisemítica, estos
médicos eran sospechosos, y mucha gente no se fiaba de
ellos por completo. El conocimiento de la medicina había
hecho pocos progresos desde Galeno (segundo siglo de la
era de Cristo), y al público le resultaba muy fácil des-
preciar a los doctores por su ignorancia. La prueba de
esto se encuentra en los refranes en contra de los médicos coleccionados por Martínez Kleiser y otros, y en las
sátiras dirigidas contra la profesión médica por escritores
como Quevedo:

> Divirtióme de esto un gran ruido que por la orilla de un
> río adelante venía de gente en cantidad tras un médico
> (que después supe lo que era en la sentencia). Eran hom-
> bres que había despachado sin razón antes de tiempo...

> A un lado estaban juntas las desgracias, peste y pesadum-
> bres, dando voces contra los médicos. Decía la peste que
> ella había herídolos pero que ellos los habían despachado;
> las pesadumbres, que no habían muerto ninguno sin ayu-
> da de los doctores; y las desgracias, que todos los que
> habían enterrado habían ido por entrambos. [25]

Al final de la segunda jornada, don Gutierre observa:

> Pues médico me llamo de mi honra,
> yo cubriré con tierra mi deshonra.   (2047-8)

Poco después, en la siguiente jornada, le dice al rey:

> ... si en rigor tan fiero
> malicia en el mal hubiera,
> junta de agravios hiciera,
> a mi honor desahuciara,
> con la sangre le lavara,
> con la tierra le cubriera.   (2093-8)

[25] L. Martínez Kleiser, *Refranero ideológico español*, Madrid,
1953, pp. 462-63 (Médicos malos, Médicos utilitarios, Junta de
médicos, Errores de los médicos); F. de Quevedo, *Sueños y discursos*, Madrid, 1973, pp. 74, 76-77; véanse también 82-83, 86, etc.,
y L. Combet, *Recherches sur le "refranero" castillan*, París, 1971,
pp. 215-22.

Hay cierto humor macabro en estas observaciones. Nos traen a la memoria las sátiras de Quevedo y refranes como "Los yerros del médico, la tierra los cubre" (Correas). Don Gutierre ha ideado la locución "junta de agravios" por analogía con "junta de médicos" (comp. Martínez Kleiser, 40.432, "A más doctores, más dolores"); utiliza "desahuciar" en el sentido de "desesperar los médicos de la salud de un enfermo", mientras que "lavar con sangre" sugiere el lavado de un cadáver. Finalmente, a través de la repetida expresión "cubrir con tierra" don Gutierre se asocia con esos ridículos, pero al mismo tiempo fatales, medicastros que matan tratando de curar.

Wardropper, en el artículo a que nos referimos arriba, dice que la analogía no sirve para la metáfora de don Gutierre; los médicos deben curar, mientras que don Gutierre *receta la muerte*. [26] Otros críticos objetaron diciendo que el enfermo no es doña Mencía sino el honor de don Gutierre. Este desacuerdo quizá provenga de lo inadecuado de la metáfora. La medicina es una de las ramas más beneficiosas del saber humano, y es intrínsecamente inapropiada como perfecta analogía de un crimen. Lo que Calderón quiere es hacernos notar la imperfección de la analogía. Si consideramos que el enfermo es doña Mencía, la analogía cesa de tener sentido cuando don Gutierre le receta la muerte; si el enfermo es el honor, entonces don Gutierre debería sangrar al honor y no a doña Mencía. [27] Finalmente, la cura de don Gutierre resulta a largo plazo ineficaz. Al concluir el drama, el honor de don Gutierre no se encuentra bien, al menos desde su punto de vista: el rey le ha hecho casarse con una mujer que él había rechazado previamente. Puede ser que ella no tenga culpa, pero don Gutierre no podrá hallar nunca prueba concluyente de su inocencia, porque la persona que podía suministrarla ha muerto (953-58). Es posible que don Arias, que admitió ser el visitante de la casa de doña Leonor y se ofreció a desposarla, se convierta ahora en el

[26] Wardropper, "Poesía y drama...", p. 585.
[27] Comp. Parker, "Metáfora y símbolo...", pp. 145-46.

futuro rival de don Gutierre, sucediendo en este puesto
a don Enrique.

Por tanto, la metáfora de don Gutierre es inadecuada
desde el principio hasta el final: trata de ocultar la adul-
teración del sentido literal de la metáfora; produce una
analogía falsa; ayuda a don Gutierre a dar una diagnosis
incorrecta. Como ironía final, la enfermedad, a pesar de
haber causado una muerte, no ha sido extirpada. Inevita-
blemente, llegamos a la conclusión de que, a pesar de inte-
resarse tanto por la salud, los personajes están continua-
mente acosados por la enfermedad; la enfermedad de la
preocupación excesiva por el honor. Uno de los consejos
más estimables de los antiguos era "moderación en todo"
(*ne quid nimis*): el exceso conduce a la enfermedad. El
honor no es en sí mismo una enfermedad; pero una excesiva preocupación por el honor sí lo es. Don Gutierre, don
Pedro, doña Leonor, incluso doña Mencía, se desvelan
demasiado por la salud de su honor. Son miembros de
una sociedad enferma, de un reino enfermo. [28] Calderón
parece estar insinuando que el reino solamente puede ser
curado con una gran sangría, los "diluvios de sangre" de
que habla en el verso 2293. Quizá sea una referencia a la
serie de guerras civiles que caracterizó la última parte del
reinado de don Pedro, y que culminó en las "mil tragedias" de las montañas de Montiel (2636-37).

Hace algunos años sugerí que era posible dar un sentido más verdadero a la desafortunada metáfora de don
Gutierre. [29] Juan de Mal Lara, en su *Philosophía vulgar*,

---

[28] Quizá debamos recordar que durante el reinado de Pedro
hubo varias epidemias de la peste y que, de hecho, Pedro sucedió
a la corona gracias a la epidemia más famosa de todas, la Peste
Negra, que mató a su padre Alfonso XI mientras estaba cercando
Gibraltar en 1350; la prometida de Pedro, Juana de Inglaterra,
también sucumbió a la Peste Negra en Burdeos en 1348 mientras
viajaba a Castilla. Era costumbre en el siglo XVII señalar las casas
infectadas de la peste con marcas rojas (normalmente cruces)
(comp. los versos 2698-2704).

[29] "'Pongo mi mano en sangre bañada a la puerta': adultery in
El médico de su honra", en *Studies in Spanish literature of the
Golden Age presented to E. M. Wilson*, Londres, 1973, pp. 45-62.

comenta el refrán "Quien es cornudo y calla, en el corazón
trae un ascua", con estas palabras: "Entiendo spiritual-
mente, que traer vn ascua en el coraçón, quiere dezir traer
vna congoxa perpetua, y vn dolor que le carcome y con-
sume la vida poco a poco, sin algún remedio, que no ay
otro, sino ponerlo en manos de Dios, que es el verdadero
médico." [30] Aquí vemos de qué manera ha errado don
Gutierre: al convertirse en médico de su honra, ha rechazado el remedio de Dios, ha vuelto las espaldas a Dios.
Su preocupación por el honor equivale a idolatría, a un
adulterio espiritual. Pero, como dice el mandamiento, Dios
también es celoso. Es un Dios celoso que no tolera que
se adore a otros dioses. Dios es el verdadero médico de
su honra, injuriado por don Gutierre y el rey don Pedro,
que se vengará con los "diluvios de sangre" intuidos por
el rey. [31]

Los otros símbolos y metáforas del drama han sido ya
analizados por los críticos. A. E. Sloman examinó, en particular, la importancia de los símbolos de la luz y la
oscuridad. [32] No deja de ser significativo que, a pesar de

---

[30] *La philosophía vulgar de Joan de Mal Lara,* Sevilla, 1568,
fol. 125r. Véase A. Valbuena Briones en su edición de nuestra comedia, Madrid, 1956, p. 83.

[31] Comp. Fray Diego de Estella, *Libro de la vanidad del mundo,* Libro I, cap. xxxiii, "De la vanidad de los que vengan sus
injurias": Dios dize: Mía es la vengança. No tomes a Dios su
oficio. Tres cosas reservó Dios para sí, y no quiso que nadie se
las tomasse. La primera es, juzgar la intención, y pensamientos de
nuestros próximos, según aquello que él mismo dize: No queráis
juzgar, y no seréis juzgados. El padre todo el juizio dio al Hijo.
La segunda, la honra, y gloria, conforme a aquello que dize el
mismo Dios: No daré a nadie mi Gloria. La tercera cosa que
reservó para sí, es la vengança. Guárdate de hurtar a Dios ninguna de estas cosas. Quanto más que es locura querer vengarte,
haziendo mal a tu próximo. Vanidad es querer vn hombre sanar
su llaga, con llaga agena. *El vengativo, en el mal ageno quiere su
bien, y quiere salud con enfermedad agena.* (ed. de Madrid, 1676,
p. 48; lo subrayado es mío).

[32] A. E. Sloman, *The dramatic craftsmanship of Calderón,* Oxford, 1958, pp. 52-54, y P. N. Dunn, "Honour and the Christian
background in Calderón", en *Critical essays on the theatre of
Calderón,* Nueva York, 1965, pp. 37-39.

que don Gutierre compara el honor con la luz (por ejemplo, 1650-56, 2075-78), la mayoría de sus acciones en protección de su honor, y en particular el asesinato de doña Mencía, ocurren por la noche. La muerte de doña Mencía se asocia con la extinción de una luz (2690-92, comp. 1911-12), y don Gutierre admite que siente una perversa afinidad con la oscuridad:

> En el mudo silencio
> de la noche, que adoro y reverencio,
> por sombra aborrecida,
> como sepulcro de la humana vida...   (1861-4)

Don Gutierre pretende ser el defensor de la luz del honor, pero sólo es el creador de la oscuridad. Él es, al mismo tiempo, una criatura de la oscuridad. Señalemos también que a don Pedro le gusta salir de noche, y que, como animal nocturno, necesita refugiarse cuando la luz del amanecer amenaza descubrirle (2721-23, 2770-76). Esto nos trae a la memoria las palabras de don Gutierre:

> ya la noche en sombra fría
> su manto va recogiendo,
> y cobardemente huyendo
> de la hermosa luz del día.   (1367-70)

Daniel Rogers ha examinado la importancia del silencio en la obra. Los personajes tienen miedo de expresar sus pensamientos. Son miembros de una sociedad donde, a causa de una falta de franqueza, reina la sospecha y el miedo. Prácticamente todos los personajes mencionan la necesidad de guardar silencio, o expresan temor de que el viento pueda diseminar las palabras que acaban de pronunciar (por ejemplo, 133-37, 282-85, 1698-99). [33] Más recientemente, G. Edwards ha subrayado la importancia del símbolo de la prisión en la obra, especialmente en lo

---

[33] D. Rogers, "'Tienen los celos pasos de ladrones': silence in Calderón's *El médico de su honra*", *Hispanic Review*, XXXIII (1965), pp. 273-89.

que concierne a don Gutierre y a doña Mencía. [34] Metafóricamente, su matrimonio con don Gutierre es, para doña Mencía, una prisión:

> ¡O quién pudiera dar voces,
> y romper con el silencio
> cárceles de nieve, donde
> está aprisionado el fuego...! (125-8)

Su padre es el responsable de esta pérdida metafórica de la libertad (569-70), la cual anuncia la prisión real donde la encierra finalmente don Gutierre:

> Mas, ¡ay de mí!, la puerta está cerrada...
> Destas ventanas son los hierros rejas...
> (2499-2502)

Al final de la primera jornada, don Gutierre también está encerrado en una prisión real. Como señalamos más arriba, Coquín, en sus comentarios, asocia esta prisión con la enfermedad, la enfermedad del honor. Es una versión tangible de la prisión metafórica donde don Gutierre está encarcelado a causa de su obsesión por el honor.

El último símbolo digno de mención es el de las manos ensangrentadas de don Gutierre. Naturalmente, las manos ensangrentadas simbolizan su culpabilidad. No deja, por tanto, de ser significativo que el rey don Pedro también se ensangrente las manos al ser herido por la misma daga que don Gutierre utilizará más tarde para matar a doña Mencía (2266+, comp. 2305-09). La herida predice la muerte del rey a manos de su hermano, pero también sugiere que él es parcialmente responsable por su propia muerte. Esta responsabilidad está conectada con la muerte de doña Mencía. [35] Finalmente, la mano de doña Leonor también se ensangrentará cuando, al final de la obra, la

---

[34] G. Edwards, *The prison and the labyrinth*, Cardiff, 1978, pp. 60-85.

[35] Cruickshank, "'Pongo mi mano en sangre bañada a la puerta...'", pp. 52-60.

enlaza con la de don Gutierre. A través de su implacable
sentido del honor, ella también contribuye a la muerte
de doña Mencía. Se puede comparar este simbolismo con
el del auto calderoniano *El pintor de su deshonra*. En el
auto, el Pintor es Dios; su mujer, la Naturaleza Humana,
la cual es culpable de un adulterio espiritual con Lucifer.
No obstante, el Pintor perdona a su esposa infiel. Al final
del auto, cuando Amor le trae una caja de pintura, el Pintor
al abrirla, la derrama en sus manos. La caja sólo contiene
pintura de color rojo, y las manos rojas del Pintor simbolizan su deseo de tomar sobre sí la culpabilidad de la Naturaleza Humana. No puede haber mejor ilustración del
fracaso de don Gutierre como marido y como cristiano.

EL CONCEPTO DEL HONOR

Aun creyendo que la actitud de don Gutierre hacia el
honor reflejaba la propia de Calderón, Menéndez y Pelayo
admitía que se le habían ocurrido otras dos posibilidades:
que a Calderón le atrajera el tema del honor conyugal por
sus "ventajas estéticas", o que nuestro dramaturgo "abo-
minaba *ex toto corde,* y tenía por locura y aberración,
estos extremos del principio del honor, y lo dice a cada paso
en boca de sus propios personajes".[36] Desgraciadamente,
don Marcelino, en vez de investigar estas posibilidades,
trató de defender lo que él consideraba opiniones erróneas
de Calderón. Según él, los dramas de honor reflejaban
simplemente los valores morales del siglo XVII, e incluso,
a veces, hechos verdaderos. Algunos críticos siguieron su
ejemplo, sacando de los dramas varias conclusiones acerca de las costumbres y actitudes sociales del siglo XVII.[37]

[36] *Calderón y su teatro,* p. 295.
[37] Por ejemplo, Adolfo de Castro, *Discurso acerca de las costumbres públicas y privadas de los españoles en el siglo XVII
fundado en el estudio de las comedias de Calderón,* Madrid,
1881; A. Castro, "Algunas observaciones acerca del concepto del
honor en los siglos XVI y XVII", *Revista de Filología Española,*
III (1916), 1-50, 357-86; A. Rubió y Lluch, *El sentimiento del honor en el teatro de Calderón,* Barcelona, 1882; A. García Valde-

Otros críticos han señalado más recientemente lo imprudente de este enfoque: los dramas de honor más conocidos tienen lugar en el pasado, o en un país extranjero, o
en ambos (*Los comendadores de Córdoba*, de Lope, sobre 1492; *El castigo sin venganza*, de Lope, en Italia;
La devoción de la cruz, en el siglo XIII, en Italia; *A secreto agravio*, sobre 1578, en Portugal; *El pintor de su
deshonra*, en Italia; y *El médico de su honra*, poco después
de 1350). Por tanto, las venganzas de honor se asociaban
con extranjeros o con un pasado remoto y menos civili-
zado. [38] Además, en general, el honor en la comedia es ya
una convención dramática, una deformación de la realidad. Es, por tanto, peligroso suponer que los hombres
se comportaran en la vida real como los personajes de una
obra dramática, o que los personajes teatrales procedie-
sen como personas ordinarias. [39]

---

casas, *El hidalgo y el honor*, Madrid, 1948. También se puede
demostrar que los "infinitos personajes oscuros... que apuñalaron
a sus mujeres... por levísimas sospechas" constituyen una gran
exageración, y también que algunos de los casos más famosos no
son dignos de crédito: por ejemplo, don Alonso Fajardo, gobernador de las Filipinas, mató a su mujer y a un supuesto amante
(1621); se decía que el pintor Alonso Cano ordenó la muerte de
su mujer (1644); y Diego Duque de Estrada y Alonso de Con-
treras aseguran en sus autobiografías que mataron a su prometida
y a su esposa respectivamente. En realidad, parece ser que el
gobernador mató a su mujer por otros motivos, aunque haciendo
creer que el asesinato fue una venganza de honor; la complici-
dad de Cano en la muerte de su esposa no fue probada nunca;
la historia de Duque de Estrada es pura invención; y la de Con-
treras es imposible de verificar. Muy pocos investigadores mencionan uno de los casos más significativos: el del conde de
Ribagorza, que dio muerte a su mujer por adulterio en 1571;
huyó pero fue preso y ejecutado por orden de Felipe II: J. H.
Elliott, *Imperial Spain 1469-1716*, Londres, 1963, p. 273.
[38] C. A. Jones, "*Honor* in Spanish Golden-Age drama: its relation to real life and to morals", *Bulletin of Hispanic Studies*,
XXXV (1958), 199-210.
[39] C. A. Jones, "Spanish honour as historical phenomenon, convention and artistic motive", *Hispanic Review*, XXXIII (1965),
32-39; y H. T. Oostendorp, "El sentido del tema de la honra
matrimonial en las tragedias de honor", *Neophilologus*, LIII
(1969), 14-29.

Si el honor en *El médico* es una "convención", entonces la actitud de don Gutierre hacia el honor también
será "convencional": el honor es una "injusta ley" (1657),
pero una ley que él obedece. La actitud de Coquín hacia
el honor es más sorprendente. A primera vista, Coquín
parece ser un gracioso convencional: entrometido, chistoso, cobarde, egoísta; pero al final de la obra se ve que
es el único personaje dispuesto a ponerse en peligro para
salvar a otra persona. Desconfiando de la condición del
rey (1270-72), teme su reacción si es reconocido cuando
va disfrazado:

> Aunque me mates,
> habiéndote conocido,
> o señor, tengo de hablarte.   (2723-5)

Merece notarse la manera en que describe su tentativa de
salvar a doña Mencía:

> Ésta es una honrada acción
> de hombre bien nacido, en fin.   (2728-9)

Nadie podía estar en desacuerdo con esto; por tanto, también deberemos prestar atención a las razones que da
para abandonar a su amo y negarse a volver a la prisión con él:

> Señor, yo llego a dudar
> (que soy más desconfiado)
> de la condición del Rey;
> y así, el honor de esa ley
> no se entiende en el criado;
> y hoy estoy determinado
> a dejarte y no volver.   (1270-6)

Cuando, como es de esperar, don Gutierre le pregunta
"Y de ti ¿qué han de decir?", su respuesta es:

> Y ¿heme de dejar morir
> por sólo bien parecer?

> Si el morir, señor, tuviera
> descarte o enmienda alguna,
> cosa que de dos la una
> un hombre hacerla pudiera,
> yo probara la primera
> por servirte; mas ¿no ves
> que rifa la vida es?
>
> (1279-87)

La diferencia entre el deseo de Coquín de ayudar a doña Mencía y su negativa a acompañar a don Gutierre es bien clara: Coquín se niega a ponerse en peligro por un puro requisito, "por sólo bien parecer". No es preciso suponer que Calderón nos estaba recomendando romper una promesa; lo que hacía era mostrarnos que existía una alternativa a la conducta extremada de don Gutierre. Quizá la alternativa fuese también extremada; pero si lo era, entonces sería posible hallar un justo medio en nuestras actitudes hacia el honor. Dado el comentario de Coquín sobre "una honrada acción", no es probable que Calderón desease utilizar este drama para condenar todas las acciones hechas en nombre del honor. Si podemos deducir algo sobre la actitud calderoniana hacia el honor en esta obra, es que nuestro dramaturgo lo consideraba un buen sirviente pero un mal amo. El honor rige la conducta de don Gutierre, e influencia considerablemente la de don Pedro, doña Leonor y doña Mencía; don Enrique sólo finge obedecerlo; únicamente Coquín trata de distinguir, de usar su discreción. Coquín y don Enrique sobreviven; doña Mencía muere; don Pedro morirá en Montiel; don Gutierre y doña Leonor se encuentran unidos en un matrimonio sin amor que puede terminar de la misma manera que su matrimonio con doña Mencía.

Sin embargo, quizá fuera mejor considerar el honor como un simple tema de esta obra, equivalente al tema de los libros de caballerías en el *Quijote*. Si don Gutierre es víctima de una ilusión, entonces el tema del honor sirve para reforzar otro tema más importante y muy común en el teatro de Calderón, el del desengaño. Don Gutierre podría ser comparado con el escudero del *Lazarillo*, o con otras criaturas calderonianas como don Mendo (*El alcalde de Zalamea*) y don Toribio (*Guárdate del agua mansa*). Estos personajes son ridículos; y, tal como Calderón pretendía, provocan nuestra risa. La devoción de don Gutierre al honor no es presentada ridículamente; pero esto no quiere decir que debamos tomarlo en serio. Por otro lado, tampoco debemos escandalizarnos por el mero hecho de que Calderón no condene explícitamente la actitud de don Gutierre hacia el honor. Una lectura superficial de la obra puede llevarnos a la conclusión de que don Gutierre ha resuelto su problema con éxito. Pero si analizamos la obra más detenidamente, nos damos cuenta del precio tan enorme que ha tenido que pagar por su "triunfo". Don Gutierre no ha progresado, excepto en un círculo. Su metáfora sobre la salud ha resultado en la muerte de su mujer y en un matrimonio enfermizo para él. Deseaba eliminar la enfermedad, y sólo ha conseguido alimentarla. Como condición de escaparse sin castigo por rechazar a su mujer, ha tenido que casarse con una dama a quien había rechazado anteriormente.

El médico de su honra COMO TRAGEDIA

La última palabra del texto de *A secreto agravio secreta venganza* dice que la obra es una tragicomedia. No hay autodefinición en *El médico*. La mayoría de los críticos del siglo XIX no dudaron en llamarla una tragedia. Pero, últimamente, se han expresado dudas sobre sus cualidades trágicas. Se ha llegado a dos conclusiones aparentemente irreconciliables: primero, que la tragedia es incompatible con una sociedad católica:

> En realidad, la tragedia, como se ha dicho más de una vez, no es ni puede ser cristiana, y menos católica. Donde hay salvación y optimismo providencial no hay tragedia [40].

[40] V. Lloréns, *Aspectos sociales de la literatura española*, Madrid, 1974, p. 28.

Segundo, que una tragedia cristiana *es* posible, pero que, siendo diferente de la griega, es difícil de reconocer inmediatamente como tal, y requiere, por tanto, una definición diferente y más amplia:

> El Barroco, como crisis del Cristianismo, creó la tragedia cristiana... Gran parte del teatro europeo del siglo XVII es la tragedia del hombre cristiano, y si esa tragedia no se ve en muchos casos es porque el problema se ha tamizado tanto que no se trasluce a primera vista [41].

Estas afirmaciones están basadas en los trabajos de críticos como George Steiner. Estos críticos alegan que la promesa de salvación es incompatible con la idea de la tragedia, ya que la tragedia es, o debería ser, el producto de una crisis de fe. [42] Incluso aceptando estos argumentos, sin embargo, no tenemos por qué concluir que España no pudo producir tragedias. Aunque hemos de aceptar que no hubo en la España del Siglo de Oro una crisis de fe religiosa, se puede sostener que hubo una crisis grave de fe en los valores de la sociedad española. Quevedo es, de muchas maneras, el exponente más importante de esta crisis, pero obras como *El villano en su rincón* son también productos de ella. [43] Algunos de los personajes que ya hemos mencionado —el escudero de Lazarillo, don Quijote y otros— representan otro aspecto de esta crisis, en cuanto tratan de vivir de acuerdo con valores que no tienen cabida en el contexto de sus propias circunstancias, o en el contexto de la España del Siglo de Oro. Un personaje como don Mendo en *El alcalde*

---

[41] F. Sánchez Escribano y A. Porqueras Mayo, *Preceptiva dramática española*, Madrid, 1965, p. 45.

[42] G. Steiner, *The death of tragedy*, Londres, 1961, pp. 4, 331-332, 341-44.

[43] La crisis a que me refiero se manifiesta en la forma de una expresión del deseo de volver a los antiguos valores que se han perdido o corrompido, o, a veces, de un lamento por la pérdida de estos valores. La "Epístola satírica y censoria contra las costumbres presentes de los castellanos" de Quevedo es quizá la manifestación más famosa de esta crisis.

de Zalamea es, claramente, una caricatura; tiene forzo-
samente que parecer ridículo porque le falta entereza de
ánimo hasta para cumplir con los peculiares valores que
profesa defender. Cuando una persona inteligente y re-
suelta se dedica a defender valores igualmente impropios,
es decir, cuando gasta todas sus energías —y las virtudes
que realmente posee— en pos de una ilusión, entonces su
vida es asunto para una tragedia. Don Gutierre es este
tipo de persona. [44]

En el caso de don Gutierre no hay ni salvación ni optimismo. Su orgullo, su preocupación por el "qué dirán",
le ha cegado de tal manera que no nos es posible concebir
que pueda jamás darse cuenta de lo que ha hecho. Su
obsesión por la honra le ha hecho penar mucho; sin embargo, su única recompensa será la pena eterna. Sus grandes virtudes —considerable valor personal, fidelidad a
su palabra de honor, lealtad al rey, preocupación por la
reputación de las damas— han sido mal empleadas, y su
vida nos comunica esa "impresión aguda de inutilidad y
derroche" que es considerada característica importante de
una tragedia. [45]

El caso de doña Mencía es diferente. Ella muere al final,
pero el crucifijo que menciona Ludovico (2579) es una
clara indicación de que se salvará. Sin embargo, no hay
nada en esta salvación que nos haga sentir optimismo:
su vida ha sido breve, desgraciada y, en términos puramente mundanos, inútil. La manera en que ha vivido su
vida no es esencial para su salvación; ella podría igualmente haberse salvado después de una vida larga y feliz.
De todas formas, una obra teatral es algo completo en sí
mismo. No es probable que el público, inmerso en el
cargado ambiente de un drama, pueda contrapesar la pro-

---

[44] Cabe observar que algunos críticos "románticos" veían en
don Quijote un personaje "trágico": véase A. Close, *The Romantic approach to "Don Quixote"*, Cambridge, 1978, pp. 57-67,
"The basic Romantic attitudes".

[45] A. A. Parker, *"El médico de su honra as tragedy", Hispanófila* (*Número especial dedicado a la comedia*, 2), Chapel Hill,
1975, pp. 5, 22.

mesa de salvación futura con la vida de sufrimiento inútil
que ve en el presente en escena. Además, doña Mencía
sólo es parte del drama. En su conjunto, *El médico de
su honra* fomenta solamente la desesperanza —desesperanza, no meramente porque virtudes auténticas y buenas intenciones no bastan para evitar el sufrimiento y el
dolor, sino también porque estas mismas virtudes causan
sufrimiento y dolor.

No hay duda de que *El médico de su honra* no posee
ciertas características asociadas con el concepto aristoté-
lico de la tragedia —especialmente, anagnórisis, el discer-
nimiento que el héroe trágico adquiere a través de su
sufrimiento. De hecho, podemos argüir que su conti-
nua ceguera es parte esencial de la tragedia de una persona como don Gutierre, "dos veces ciego" (1912), y que
si se relajara la tensión como resultado de una anagnórisis,
decaería el impacto trágico de la obra.[46] Quizá sea necesario ampliar nuestra definición de la tragedia, pero por
el momento la mayoría de los críticos están de acuerdo en
considerar *El médico de su honra* una obra verdadera-
mente trágica.[47]

LOS PERSONAJES

Don Gutierre

Quizá la característica más engañosa de don Gutierre
sea su propensión a disimular sus preocupaciones hasta

---

[46] Parker, *"El médico de su honra as tragedy"*, p. 22.

[47] Por ejemplo, A. E. Sloman en *The dramatic craftsmanship
of Calderón*; B. W. Wardropper en "Poesía y drama..."; D. Rogers en "'Tienen los celos pasos de ladrones'..."; D. W. Cruickshank en "'Pongo mi mano en sangre bañada a la puerta'..."; H.-J.
Neuschäfer en "El triste drama del honor: formas de crítica ideológica en el teatro de honor de Calderón", en *Hacia Calderón:
segundo coloquio anglo-germano*, Berlín, 1973, pp. 89-108; G. Edwards en *The prison and the labyrinth*, pp. 60-85; y A. A. Parker
en *"El médico de su honra as tragedy"* y "Hacia una definición
de la tragedia calderoniana", en *Calderón y la crítica: historia y
antología*, Madrid, 1976, tomo II, pp. 359-87, etc.

el punto de dar la impresión de que la solución de sus problemas —la muerte de doña Mencía— es un accidente. El rey parece reconocer esta característica cuando comenta "cuerdamente / sus agravios satisfizo" (2792-93). Es posible ver en esta reserva algo parecido a la discreción de Peribáñez, pero esto sería un error. Para Calderón, la palabra discreción conservaba su significación original de "habilidad de distinguir lo verdadero de lo falso, las apariencias de la realidad".[48] Esta habilidad es lo que precisamente le falta a don Gutierre. Más que a Peribáñez, se parece al comendador de Ocaña, de quien Luján dijo:

> ya que no fue tu amor, señor, discreto,
> el modo de tratarle lo parece.
>
> (*Peribáñez*, 818-19)

La aparente discreción del comendador es un disfraz que oculta su imprudencia. La imprudencia de don Gutierre consiste en precipitarse en sacar conclusiones; también posee una naturaleza suspicaz y miedo de sincerarse con nadie, incluso consigo mismo. Aun el pronunciar la palabra "celos", y por tanto admitir que está celoso, es más de lo que puede soportar, ya que esto implicaría que tiene *causa* para sentir celos (1697-1706). El ejemplo citado está sacado de su parlamento más importante y revelador: el soliloquio que va desde el verso 1580 hasta el 1712. En el comienzo de su largo soliloquio, don Gutierre revela algo que es verdad de la mayor parte de los personajes de esta obra: una aversión a confiar en los demás:

> Ya estoy solo, ya bien puedo
> hablar.   (1585-6)

Somos conscientes del aislamiento y la soledad de estos individuos. Sin embargo, no es fácil que sintamos sim-

[48] Véase A. A. Parker, "The meaning of 'discreción' in *No hay más fortuna que Dios*", en su edición del auto, Manchester, 1949, pp. 77-92.

patía por don Gutierre. Él se lamenta, pero nosotros, que conocemos los hechos y sospechamos que los está tergiversando, podemos muy bien ver que sus lágrimas son de compasión por sí mismo. Poco después, don Gutierre cita las razones que alimentan sus sospechas; una a una, las descarta lógicamente (1615-34); por fin llega a una solución correcta: incluso si la daga que ha encontrado resulta ser la del príncipe Enrique, es posible que la responsable sea una criada sobornada, y no su mujer (1635-1644). Esto marca la culminación de don Gutierre como marido razonable; pero habiendo llegado a esta cumbre, no le queda más que ir hacia abajo. El honor no escucha razones lógicas, ni es justo:

> ¿Qué injusta ley condena
> que muera el inocente, que padezca?
>
> (1657-8)

Hay una ironía macabra en esta pregunta: don Gutierre padecerá, pero será la inocente doña Mencía la que muera. En este momento, don Gutierre se transforma imperceptiblemente en el médico de su honra. Sin embargo, él no se da cuenta de lo que está pasando; no se da cuenta de que está cambiando lo real por lo metafórico de tal manera que la metáfora se convertirá desde ahora en su nueva realidad:

Como si fuera actor, don Gutierre, noble andaluz, se transforma en otro don Gutierre, el que hace el papel metafórico de médico. Como un buen actor, cree en la realidad de la ficción dentro de la cual trabaja. *Es* ya algo que no ha existido nunca, el médico de su honra. A diferencia del actor profesional, sin embargo, queda sujeto *para siempre* por su papel metafórico [49].

---

[49] B. W. Wardropper, "La imaginación en el metateatro calderoniano", *Actas del Tercer Congreso Internacional de Hispanistas,* México, 1970, p. 929. Con razón nota Wardropper la frecuencia con la cual emplean don Gutierre, doña Mencía y el rey don Pedro las palabras "imaginar" e "imaginación".

Al creer en la realidad de lo que es sólo una metáfora, don Gutierre se asemeja en cierto modo a don Quijote, para quien la ficción de las novelas de caballerías se convierte también en su realidad. Don Gutierre no es patentemente un lunático, pero ni él ni don Quijote viven en el mundo real. En las novelas de caballerías pasan cosas ridículas, pero don Quijote no duda de su veracidad porque cree que son históricamente verdaderas. De igual modo, cuando su metáfora se convierte en su realidad, don Gutierre es incapaz de distanciarse de ella, de adoptar una actitud crítica, de ver sus imperfecciones. Usando la terminología de *El gran teatro del mundo,* podríamos decir que el fracaso de don Gutierre se debe a que considera el desempeño de su *papel* como un fin en sí mismo; y también, a que confunde su *vestidura,* las galas externas de su posición social, con su papel. Al descubrir que el papel que le han asignado es inadecuado a la importancia que concede a su vestidura, don Gutierre adopta un nuevo papel,

> sin mirar, sin advertir
> que en acto tan singular,
> aquello es representar,
> aunque piense que es vivir.
>
> (*El gran teatro,* 325-8)

La falta de sentido del humor de don Gutierre es otro aspecto de su personalidad relacionado con su ceguera. Don Gutierre no se atreve a admitir a su mujer que se siente celoso. Doña Mencía, por el contrario, no sólo menciona sus supuestos celos de doña Leonor, sino que incluso bromea sobre ellos, como veremos más tarde. Don Gutierre, sin embargo, toma lo que dice ella al pie de la letra. Al anunciar su maravillosa industria para sacarle de prisión "sano y bueno" (1257-59), Coquín cree que su consejo debe tomarse en serio, aunque habla en broma. Don Gutierre no ve nada gracioso en sus palabras:

> ¡Vive Dios, necio, villano,
> que te mate por mi mano!   (1264-5)

En lo que concierne al honor, por lo menos, don Gutierre sufre de una ceguera que le permite percibir solamente lo particular, y le impide ver lo universal. Visto de lejos, esa cosa relumbrante que lleva un hombre en la cabeza, puede ser una bacía de azófar, o *puede* ser el yelmo de Mambrino. Don Gutierre no puede ver estas alternativas; no puede distinguir entre la ilusión y la realidad. Él está siempre predispuesto a ver solamente el yelmo de Mambrino.

La ceguera de don Gutierre no es una característica que nos haga sentir compasivos hacia él. La ceguera de don Quijote le lleva a cometer actos de los cuales él es la primera y principal víctima; pero la de don Gutierre hace sufrir a él y a otros. Otros efectos de su ceguera son todavía más desagradables. Para que su secreto no sea conocido, don Gutierre está dispuesto a matar a Ludovico, y se enoja cuando "el cielo" le impide llevar a cabo el crimen (2649-52). Por el mismo motivo, confecciona una complicada mentira en presencia del cadáver de su esposa (2821-71). Don Gutierre nos infunde terror, pero tenemos que ahondar en nuestros corazones para encontrar alguna compasión hacia él. Debemos recordar, sin embargo, que él es también una víctima; una víctima de lo que él mismo cree que la sociedad exige de un caballero. Si seguimos intentando encontrar el tipo tradicional de catarsis en esta obra, entonces don Gutierre nos defraudará; pero si aceptamos la idea de que Calderón trataba de provocar el nuevo tipo de catarsis, basado en la "admiración", nos daremos cuenta de que don Gutierre está perfectamente concebido. Antes de ver su cadáver, sabemos que doña Mencía está muerta; pero mientras don Gutierre está corriendo la cortina para revelar su cadáver, el público todavía sufre un escalofrío. Esta sensación reaparecerá con más fuerza al final del drama, cuando don Gutierre da la mano a doña Leonor y usa la sangre todavía caliente de su primera esposa para ungir a la segunda. Sin embargo, el procedimiento más importante para despertar la admiración del público es puramente intelectual: al aceptar al pie de la letra lo que es simplemente una metáfora, don Gutierre nos hace ver en esta metáfora un significado más profundo, el cual él mismo es incapaz de captar, a pesar de que es él quien nos pone en la pista:

> anoche a un grave accidente
> vio su perfección postrada,
> por desmentirla divina
> este accidente de humana.
> Un médico, que lo es
> el de mayor nombre y fama,
> y el que en el mundo merece
> inmortales alabanzas...   (2832-9)

"El médico de mayor nombre y fama", "el que en el mundo merece inmortales alabanzas": estas expresiones solamente pueden referirse a Jesucristo, el sanador de ciegos y enfermos, cuya muerte aparentemente desmintió su divinidad y su perfección. Si don Gutierre pudiera darse cuenta del significado de lo que está diciendo, seguramente no lo diría; es, por tanto, esencial para despertar nuestra admiración y permitirnos comprender la obra mejor, que siga ignorante del sentido de sus palabras; es decir, que no sufra anagnórisis. De todas maneras, el carácter de don Gutierre es tal que no podemos concebir que pueda jamás ver la claridad. Como dijo Wardropper, queda sujeto para siempre por su papel metafórico.

El rey don Pedro

Don Pedro es el personaje más enigmático de toda la obra. Esto se debe en parte a que el carácter histórico de Pedro I de Castilla es bastante ambiguo: Pedro el Cruel, Pedro el Justiciero. Los críticos que tratan de analizar el carácter de don Pedro se refieren frecuentemente a la llamada escena de los pretendientes (579-602). Los pretendientes eran parte de la vida de la corte en el siglo XVII español, y el vocablo mismo posee acepciones ambiguas, como podemos ver en Zabaleta. [50] Sin embargo, la palabra no posee autoridad calderoniana: fue Vera Tassis quien la insertó por primera vez en su edición de 1686. La edición de 1637 parece indicar que para Calderón estos personajes eran soldados, lo cual afecta la interpretación de esta escena. En primer lugar, la escena nos recuerda otra parecida, escrita por Calderón, en *Yerros de naturaleza y aciertos de la fortuna*, también con soldados, durante la cual las respuestas impacientes de la princesa Matilde provocan el antagonismo de los soldados. [51] Al no tratar de retener el favor de sus tropas, don Pedro puede estar creándose problemas para sí mismo, problemas que quizá determinaran el curso de las guerras civiles durante su reinado. En segundo lugar, debemos recordar que durante un tiempo Calderón mismo se encontró en la posición de soldado licenciado pretendiendo una pensión. Esto sucedió en la década de los 1640, después de la composición de nuestro drama, pero es probable que Calderón, al igual que su público, estuviese naturalmente más inclinado a simpatizar con los soldados que con otros pretendientes. [52] En tercer lugar, siendo todos los pretendientes soldados, la conducta del rey hacia ellos es todavía más inconsistente e irracional: la abrupta respuesta que da a los dos primeros (580, 581) pone en contraste su sorprendente generosidad al promocionar al tercero simplemente porque admite que

[50] Juan de Zabaleta, *El día de fiesta por la mañana*, Cap. XIV, "El pretendiente" (publicado por primera vez en 1654; véanse pp. 230-37 de la edición de Madrid, 1728, de las *Obras*). Comp. también el ejemplo que da Laurencia de "las lenguas descorteses": "y pretendiente, al cristiano": *Fuenteovejuna*, ed. de Francisco López Estrada, Madrid, 1969, pp. 56-57.

[51] Véase la edición de E. Juliá Martínez, Madrid, 1930, pp. 131-132. El manuscrito autógrafo de esta comedia lleva una licencia del 4 de mayo de 1634. Las dos comedias (ésta y *El médico*) son tal vez de la misma época.

[52] E. M. Wilson, "Un memorial perdido de don Pedro Calderón", en *Homenaje a William L. Fichter*, Madrid, 1971, pp. 801-817.

se turba a su vista. Efectivamente, en esta época el rey don Pedro tenía fama de antipático en las audiencias. [53]

El texto contiene varias referencias a la crueldad del rey, aunque algunas de ellas las dicen individuos interesados. Don Arias (26-31) es partidario de don Enrique, no del rey, aunque esto no lo sabemos cuando pronuncia las palabras. Don Gutierre (997-99) cree que el rey le ha tratado injustamente. Por otro lado, Coquín es neutral y también probablemente el personaje más cristiano de la obra; por tanto, su parecer sobre el rey es bastante importante. Él considera a don Pedro "severo" (793-94); expresa dudas sobre su condición (1270-72); e incluso le considera en cierto sentido antinatural (1520-21). Los críticos han visto en el concierto que hace el rey con Coquín —hacerle sacar los dientes si no le hace reír en término de un mes— una broma inocua que el rey no piensa llevar a cabo, y una muestra de su sadismo. Debemos recordar que en el siglo XVII, antes de que existiesen especialistas en odontología, las mismas personas —barberos o cirujanos— extraían dientes podridos y sangre "podrida". Don Pedro amenaza con sacar prematuramente los dientes sanos de Coquín, de la misma manera que don Gutierre hace sangrar prematuramente el cuerpo sano de doña Mencía.

Esto no quiere decir que Calderón presente a don Pedro de una manera uniformemente desfavorable. Por el contrario, parece haber tratado de capturar de nuevo el enigma del monarca histórico: un gobernante que administraba sin favoritismos una justicia rigurosa pero efectiva, ganándose así la gratitud de sus vasallos más hu-

---

[53] "Aborreció el mundo al Rey don Pedro el Justiciero, por ser azedo en sus respuestas, lo que le causó morir a manos de quien escarmentado en su odio, las dava gratas y afables": Fadrique de Moles, *Audiencia de príncipes*, Madrid, 1637, fol. 33v. Comp. Diego de Saavedra Fajardo, *Idea de un príncipe político christiano*, München, 1640, p. 137: "Mas se obra con la dissimulación, i destreza, en que fue gran maestro el Rei Don Fernando el Cathólico, i en que pudo ser, que se engañase el Rei Don Pedro, siguiendo el camino contrario de la severidad, la qual le dio nombre de Cruel."

mildes, pero que al mismo tiempo era impulsivo, imprudente, egocéntrico y supersticioso, especialmente en lo
que se refería a los agüeros. Su prisa por llegar a Sevilla, dejando a su hermano herido, no tiene que ser necesariamente interpretada como prueba de su fiera condición, como dice don Arias; pero Calderón se niega a
explicarnos el motivo de su precipitada partida. El deseo
del rey de oír las dos partes de una disputa (685-88) es
loable, pero el permitir que una parte (doña Leonor) oiga
las excusas de la otra (don Gutierre) no es ni justo ni acer-
tado, ya que precipita una crisis sin revelar toda la verdad. Sabemos que don Pedro ha aprendido su lección
porque vemos que más tarde insiste en que don Gutierre
permanezca callado mientras interroga a don Enrique
(2163-76); pero el interrogatorio de don Enrique no es
imparcial: el rey le manda callar porque la ambigüedad
de sus palabras amenaza con incriminar a doña Mencía.
Don Pedro parece dispuesto a prejuzgar a su hermano, a
pesar de que éste le recuerda sus propias palabras:

> no será bien que olvides
> que con iguales orejas
> ambas partes han de oírse. (2212-4)

Quizá don Pedro tenga motivos para estar enojado con
don Enrique, pero su enojo provoca otra crisis. Al no poder
evitar que don Gutierre oiga los comentarios de don Enrique, el rey, en cierto modo, induce a don Gutierre a
vengar sus agravios en su esposa, mientras él permanece
paralizado por su propio miedo. La súplica de don Gutierre al rey, que podría haber salvado su matrimonio y la
vida de su esposa, ha resultado peor que inútil y el rey
tiene la culpa. Sus palabras

> ¡Válgame Dios, qué mal hice
> en esconder a Gutierre! (2228-9)

ponen esto en claro.

La realidad es que don Pedro es demasiado egoísta, y
se preocupa demasiado de su reputación. Su actitud hacia
los valientes ilustra este aspecto de su personalidad. Los
valientes constituían una amenaza para el orden público

y también desacreditaban la autoridad real. Don Pedro
les hace frente solo, poniendo a riesgo su vida. Es una
acción valerosa, pero también imprudente, que demuestra
que al rey le preocupa más el atentado contra su autoridad que el atentado contra el orden público. Como él
mismo dice:

> *Mas porque no se me alaben*
> que no doy examen yo
> a oficio tan importante,
> a una tropa de valientes
> probé solo en una calle.   (1432-6)

Su reacción al acto de empuñar espadas en su presencia también muestra su preocupación por los signos ex-
ternos de su autoridad. El desenvainar una espada en presencia del rey era ilegal porque podía poner en peligro
su persona. Pero está claro que un rey que estaba dispuesto a confrontar a una tropa de valientes completamente solo, se preocupa más por el atentado simbólico
contra su autoridad que por el peligro real a su persona. Don Pedro, como don Gutierre, se parece al Rico
de *El gran teatro del mundo* en cuanto confunde los accidentes de su posición, su vestidura, con su papel. Coquín
le recuerda esto cuando le ofrece un papel en la comedia
de *El rey ángel* (1456-58). Como leemos en el auto, el
propósito de cada individuo, incluso el rey, debe ser "obrar
bien, que Dios es Dios". El papel que cada individuo
tiene asignado es el medio para conseguir ese fin, y el
papel del rey ángel es el que debe adoptar don Pedro.
Pero don Pedro está más interesado en los atributos sociales de su papel real; en el que dos hombres empuñen
espadas en su presencia (984-88); en lo que se dice de su
actitud hacia los valientes (1432-36); en las canciones que
circulan sobre él (2534-37, 2638-41). No trasciende la
vestidura que el mundo le ha dado de prestado, para que
pueda actuar su papel; un papel que le ha sido asignado
por Dios. [54]

[54] A. A. Parker, *The allegorical drama of Calderón*, Oxford,
1943, pp. 110-55.

Don Pedro sabe que doña Mencía es inocente: Ludovico y Coquín entre los dos le han contado toda la verdad. Sin embargo, el único castigo que da a don Gutierre es casarle con doña Leonor. Se podría argüir que esto lo hace más para cumplir con su promesa a doña Leonor que para castigar a don Gutierre. Don Pedro, como don Gutierre, son hombres de palabra, aun en las ocasiones cuando sería más prudente faltar a ella. El negarse a este matrimonio, además de faltar a su promesa a Leonor, significaría admitir a don Gutierre que había fracasado en su papel de rey, ya que no pudo salvar su matrimonio cuando le pidió ayuda. Él llama cruel a don Gutierre, habla de "una acción tan inclemente" (2790-91), pero al final tiene que aceptar su remedio, porque sabe no solamente que sus esfuerzos para impedirlo han fracasado, sino que han contribuido a ocasionarlo.

Sabemos que don Pedro morirá en Montiel. Como dijimos anteriormente, una obra dramática debe ser completa en sí misma, pero el utilizar los conocimientos del público sobre hechos históricos que ocurren fuera de la obra es una forma legítima de ironía dramática, especialmente cuando el autor alude claramente a ellos. Calderón crea un paralelo visual entre la visión que tiene doña Mencía de su propia muerte (1377-85) y la que don Pedro tiene de la suya (2266-75); la misma daga provoca estas visiones, y los dos fragmentos del romance profético son interrumpidos con la escena de la muerte de doña Mencía (2530-33, 2634-37). Quizá debamos concluir que la muerte de don Pedro en Montiel es una justa recompensa por su participación en la muerte de doña Mencía. Otro magnífico toque irónico, al que Calderón no hace alusión, pero que tuvo que ser notado por algunos de sus espectadores, es que, según se afirmaba, el rey don Pedro había ordenado la ejecución de su esposa, doña Blanca, acusada falsamente de adulterio con don Enrique, hermanastro del rey y hermano mellizo de don Enrique. [55]

[55] D. W. Cruickshank, "Calderón's King Pedro: just or unjust?", *Spanische Forschungen*, XXV (1970), 113-18. Para el rey don Pe-

Doña Mencía

Doña Mencía no es culpable de adulterio. A diferencia de doña Leonor en *A secreto agravio secreta venganza*, ella ni siquiera ha pensado en cometer adulterio. Sin embargo, doña Mencía no es una mujer sin defectos: es imprudente, y es imprudente porque tiene miedo del "qué dirán". En esto se parece a don Gutierre. Como ya vimos, sus intentos de salir de situaciones difíciles y peligrosas son descritas en términos de metáforas médicas:

> En salud me he de curar.   (1243)
>   Agora
> el remedio mejor será, señora,
> prevenir este daño.   (2391-3)

En este respecto también se parece a su marido; su insuficiencia tiene las mismas causas que la de don Gutierre. Calderón nos permite vislumbrar lo que podría ser la verdadera doña Mencía, cuando la hace bromear con su marido sobre su supuesto interés por su antigua dama, doña Leonor:

> D. GUTIERRE: ¿Eso dices? No la nombres.
> DOÑA MENCÍA: ¡O qué tales sois los hombres!
>   Hoy olvido, ayer amor;
>   ayer gusto, y hoy rigor.   (516-19)

Doña Mencía no está realmente celosa de doña Leonor porque su amor por don Gutierre no es el mismo que antes había sentido por don Enrique ("tuve amor, y tengo honor", 573). Al insinuar que su marido quizá sienta todavía algo por su antigua dama ella está probablemente reflejando sus propios sentimientos por don Enrique. Su subconsciente está expresando aquí su pesar por lo que podría haber sido. Por tanto, su "broma" no pro-

----

dro, véanse también los artículos de F. P. Casa y L. King, citados en la Bibliografía Selecta.

viene de un ánimo alegre sino de su deseo de parecer
alegre. Nos recuerda a Desdémona, quien admitía que:

> I am not merry but I do beguile
> the thing I am by seeming otherwise [56].

Lo triste de su tentativa de aparecer alegre es que don
Gutierre la toma en serio, y con una altisonante alegoría
trata de explicar que su amor por doña Leonor no era
nada comparado con el amor que siente por su esposa.
Su respuesta roza en el sarcasmo:

> ¡Qué lisonjero os escucho!
> Muy parabólico estáis.   (545-6)

Pero don Gutierre, que no entiende de sarcasmos, produce otro concepto amoroso:

> ¿Puede en los dos
> haber engaño, si en vos
> quedo yo, y vos vais en mí?   (550-2)

Doña Mencía contesta con más ironía:

> Pues, como os quedáis aquí,
> adiós, don Gutierre.   (553-4)

Don Gutierre, al parecer sin darse cuenta de que su mujer acaba de pinchar el globo retórico que él había in-
flado, le dice adiós y se marcha.

Aludiendo brevemente (y quizá también críticamente)
a los padres que casan a sus hijas sin consultarlas (569-
70), Calderón resume la melancólica existencia de doña
Mencía con estas palabras:

> tuve amor, y tengo honor:
> esto es cuanto sé de mi.   (573-4)

[56] W. Shakespeare, *Othello*, Acto II, Escena i.

En su primer soliloquio (121-54), doña Mencía se refi-
rió más oblicuamente a la oposición de las fuerzas "amor"
y "honor"; ahora, de una manera epigramática, las presenta como si fuesen mutuamente exclusivas. Será una
opinión que repetirá don Gutierre: "El amor te adora, el
honor te aborrece; y así el uno te mata, y el otro te avisa..." (entre 2495 y 2496).

El primer soliloquio de doña Mencía muestra que ella
se da cuenta de la importancia que tiene el silencio en
la preservación del honor; sin embargo, indica también
su deseo de poder expresar sus sentimientos (121-37). Logra convencerse a sí misma de que agradece la oportuni-
dad de poder poner a prueba su habilidad para dominar
sus sentimientos, "pues no hay virtud / sin experiencia"
(143-44). Su resolución parece ser a primera vista razonable, pero solamente necesitamos recordar *El curioso
impertinente* para darnos cuenta de su temeridad, y del
peligro en que se pone al adoptar esta actitud.

El primer ejemplo de la imprudencia de doña Mencía
lo encontramos en sus palabras a don Enrique:

> cuanto a la dama, quizá
> fuerza, y no mudanza fue:
> oídla vos, que yo sé
> que ella se disculpará.   (421-4)

No solamente da a don Enrique un pretexto para volver a visitarla, como él dice más tarde (1091-95), sino que
sus palabras "fuerza, y no mudanza" sugieren que su
matrimonio con don Gutierre fue forzado, y que su corazón pertenece todavía a don Enrique. Tratando de negar
que ha sido inconstante, insinúa que ha permanecido fiel
—a don Enrique.

La segunda imprudencia de doña Mencía consiste en
confiar en Jacinta (561-74). El confiar en una esclava va
en contra de lo que ella considera prudente; por consiguiente, su resolución confirma nuestra impresión de que
necesita confiar en alguien. La elección de Jacinta puede
parecer acertada, pero las criadas pueden ser sobornadas

(como lo es Jacinta), y la revelación probablemente contribuye a persuadir a Jacinta de que ayudando a don Enrique, actúa en beneficio de su ama.

Cuando don Enrique acepta la "invitación" de doña Mencía y la visita, ella admite que fue una equivocación (1096); en general se comporta decorosamente y no reaviva sus esperanzas. Parece como si al encontrarse sola con él, todo su miedo a comprometerse hubiese crecido. Este miedo (1131-35) se intensifica con el regreso inesperado de don Gutierre, y la mueve a tratar de sacar imprudentemente a don Enrique de la casa, en la oscuridad, después de haber matado "accidentalmente" la luz (más tarde, en los versos 1623-26, don Gutierre recordará este "accidente"). Este mismo miedo, acrecentado por su sentido de culpabilidad al haber tratado de ocultar la presencia de don Enrique a su esposo, la hace temblar a la vista de la daga en la mano de don Gutierre, lo cual solamente despierta sus sospechas. Después de esto, todas las acciones de doña Mencía sólo consiguen confirmar estas sospechas: primero, cuando su marido la despierta en la oscuridad del jardín, lo confunde con don Enrique; luego, al oír que don Enrique se marcha, resuelve rogarle que no se ausente para que la gente no diga que lo hace por ella. Ha logrado escribir "Vuestra Alteza, señor, no se ausente..." (2462-64) cuando don Gutierre la sorprende, impidiéndole terminar la carta, lo cual hubiese demostrado su inocencia.

Doña Mencía es una víctima de su propia imprudencia al confiar en Jacinta, y al comprometerse con una carta. Su confianza en Jacinta nace de su imperiosa necesidad de sincerarse con alguien, pero la motivación de los otros actos de imprudencia hay que buscarla en su preocupación por su reputación. Simplemente, no quiere que don Enrique la crea inconstante, o que don Gutierre encuentre a don Enrique en su casa, o que la gente murmure sobre las causas de la marcha de don Enrique. A causa de esto, se puede decir que ella es una víctima de la sociedad. Ciertamente, es la víctima de la mayoría de los otros personajes de la obra. Es una víctima de la traición

de Jacinta (1023-44, 1070-73) y de sus falsos consejos
(2391-2407), del egoísmo de don Enrique, de la naturaleza
excesivamente suspicaz de don Gutierre, de la incompe-
tencia del rey. En un menor grado, es también la víctima
de don Arias, quien inicialmente trató de ayudar a don
Enrique en sus pretensiones (1577-79, 1853-60). También, indirectamente, doña Mencía es una víctima de la
preocupación de doña Leonor por su reputación. Finalmente, es una víctima de las circunstancias: de la caída
del caballo de don Enrique cerca de la quinta de don
Gutierre; de la pérdida de la daga de don Enrique; de
la vuelta a casa de don Gutierre cuando ella sólo ha tenido
tiempo de completar la primera, y acriminadora frase de
su carta. La conjunción de circunstancias que conduce
a la muerte de doña Mencía es complicadísima; no basta
decir que la tragedia podría haberse evitado si doña Mencía se hubiese comportado con más prudencia. La tragedia calderoniana demuestra frecuentemente que la prudencia de un individuo no es suficiente para prevenir el
desastre. [57]

Doña Leonor

En algunos respectos doña Leonor es una versión feme-
nina de don Gutierre: confiesa que le amaba (633-48) y,
sin embargo, si pudiese, le daría la muerte (1841-43). De
la misma manera que don Gutierre se muestra poco dispuesto a hablar mal de una mujer en público pero no
vacila en abandonar a su dama o en asesinar a su esposa
por una ofensa imaginada, así doña Leonor no duda en
desear la deshonra de don Gutierre en privado (1007-18)
mientras lo defiende en público cuando don Arias trata
de disminuir su reputación (1821-48). En cuanto a su
propia reputación, ella es tan esclava de la opinión pú-

---

[57] Para describir este fenómeno, Parker forjó la expresión
"responsabilidad difusa": "Hacia una definición de la tragedia
calderoniana", *Calderón y la crítica*, II, 359-87.

blica "que en secreto quisiera más perdella, / que con
público escándalo tenella" (663-64). De acuerdo con esta
actitud, rehúsa la oferta de matrimonio de don Arias porque casarse con él podría confirmar las sospechas de don
Gutierre sobre ella y don Arias (1766-84).

Doña Leonor no muestra compasión por la muerte de
doña Mencía. Quizá debamos concluir que secretamente
la deseaba porque de esta manera don Gutierre está libre
para casarse con ella. Como ya apuntamos, sus manos se
untan de la sangre de doña Mencía cuando don Gutierre
la acepta como esposa, simbolizando así la parte de responsabilidad que le cabe por la muerte de aquélla. Doña
Leonor ha perseguido a don Gutierre con una implacabi-
lidad que contrasta desfavorablemente con la simpática
determinación de —por ejemplo— doña Marta en *Marta
la piadosa*. Nuestra primera reacción es pensar que se
merecen la una al otro. Sin embargo, incluso doña Leonor
es digna de nuestra compasión. En primer lugar, la mano
ensangrentada es claramente un mal agüero para un matrimonio feliz. En segundo lugar, a pesar de su pasión
por el honor, doña Leonor dice (por lo menos a don
Arias) que considera superior al amor:

> pues es mejor que sin vida,
> sin opinión, sin honor
> viva, que no sin amor,
> de un marido aborrecida. (1737-40)

A través del drama, don Gutierre ha declarado su amor
por doña Mencía, diciendo que lo que sintió por doña
Leonor no era nada comparado con lo que siente por
doña Mencía; además, a diferencia de doña Leonor, afir-
ma que el honor es más importante que el amor. Finalmente, es claro que doña Leonor no sabe que doña Mencía es inocente. Parcialmente informada de los hechos, ella
concluye que doña Mencía alentó las pretensiones de don
Enrique. Sin creer esto, no se hubiera atrevido a invitar a
don Gutierre a que practicase su ciencia en ella. En su
ingenuidad, cree que para no despertar las sospechas de

don Gutierre, basta con ser una esposa fiel. Debería saber, a través de su propia experiencia, que la inocencia no la protegerá contra don Gutierre.

Don Enrique

El príncipe don Enrique no es un personaje muy atractivo. Las circunstancias de su primera entrada en escena tienen como objeto suscitar la desaprobación del público. Con la caída del caballo, Calderón nos muestra el triunfo de la pasión sobre la razón. [58] La escena que sigue, con el caballero caído sentado en una silla, la bella joven sola con él, y las palabras que le dirige al recobrar el conocimiento, nos recuerda el comienzo de *Peribáñez*, y el ilícito amor del comendador don Fadrique por Casilda. La caída es una caída metafórica. Aunque inicialmente se desanima al enterarse de que doña Mencía está ahora casada, don Enrique expresa a continuación —y más tarde reitera— su determinación de poseerla. Su brutal respuesta "A ti misma / te infamas" (1139-40), cuando ella le amenaza con dar la alarma, pone en duda la sinceridad de su amor. La llegada de don Gutierre le hace comportarse todavía peor: primero expresa horror ante la indignidad de tener que esconderse, pero pronto confiesa que siente miedo:

> No he sabido,
> hasta la ocasión presente,
> qué es temor. ¡O qué valiente
> debe de ser un marido!   (1163-6)

Su último recado a doña Mencía, lleno de compasión por sí mismo, la hace injustamente responsable de lo que ha pasado:

[58] A. Valbuena Briones, "El simbolismo en el teatro de Calderón: la caída del caballo", *Romanische Forschungen*, LXXIV (1962), 60-76.

                    A doña Mencía
este recado da de parte mía:
que su desdén tirano
me ha quitado la gracia de mi hermano,
y huyendo desta tierra,
hoy a la ajena patria me destierra,
donde vivir no espero,
pues de Mencía aborrecido muero.   (2379-86)

El recado impele a doña Mencía a cometer su última imprudencia.

Sin embargo, antes de condenar a don Enrique completamente, deberemos considerar dos hechos: el primero es que su actitud hacia Coquín es siempre amistosa, como la de doña Mencía; los que encuentran a Coquín sin gracia alguna son don Pedro y don Gutierre. El segundo es que, cualesquiera que sean sus otras faltas, don Enrique ha sido acusado de un crimen que todavía no ha cometido: deslealtad al rey. Al comienzo de la obra, don Arias y don Diego insinúan que existen facciones y bandos contrarios en el reino (26-35), pero don Enrique ni confirma estas suposiciones ni las niega. Pero como esto quizá no sea suficiente para compensar las faltas obvias de don Enrique, tendremos que recordar otros dos puntos.

El primero es que el concepto calderoniano de la "justicia poética" no es tan simple que pueda ser contenido en la sentencia "Quien tal hace que tal pague". Si el final de doña Mencía no concuerda con esta sentencia, tampoco concuerda el de don Enrique. *El médico de su honra* es una tragedia, no una moralidad; trata de provocar el desasosiego, no la satisfacción que sentimos cuando vemos que los malos son castigados. En segundo lugar, se ha sugerido que don Enrique es un instrumento de la venganza divina en cuanto hace posible el castigo de don Gutierre y don Pedro; esto es, es el instrumento del castigo divino que doña Leonor desea que caiga sobre don Gutierre (1007-18), y al que se refiere don Arias en los versos 1809-13; y, cuando mate al rey en Montiel, será también el instrumento del castigo de un rey que no ha

cumplido con su deber.[59] También podríamos concluir
que este castigo de don Pedro es en cierto sentido una
expiación de la culpa parcial que le cabe a don Enrique
por la muerte de doña Mencía. Pero, al final, todo esto
carece de importancia real. Don Enrique tiene un papel
muy importante en la obra, pero su único papel fuera
de ella es matar a su hermano. Calderón no nos quiere
decir nada más.

Coquín

Ya hemos discutido el comportamiento de Coquín al
final de la obra. Podemos llamarlo altruísta, quizá hasta
noble y valiente. Se ha dicho que su manera de comportarse proviene de un cambio de carácter ocasionado por
su descubrimiento del sufrimiento de don Gutierre.[60] Este
punto de vista es defendible, pero también se pueden aducir pruebas de que la conducta de Coquín es constante
a través de la obra: él es chistoso, jovial y locuaz, a veces
hasta el fastidio, pero cuando la ocasión lo merece es
serio y sincero:

> ... aunque hombre me consideras
> de burlas, con loco humor,
> llegando a veras, señor,
> soy hombre de muchas veras.   (2730-3)

Se parece al Mengo de *Fuenteovejuna* en cuanto procla-
ma su aprobación de la filosofía del amor propio; pero
cuando esta filosofía es puesta a prueba, muestra con sus
hechos su amor al prójimo.

La constancia o inconstancia de su conducta no tiene
efecto alguno en la acción, aunque afecta la actitud que

---

[59] F. Exum, "'¿Yo a un vasallo...?' Prince Henry's role in Calderón's *El médico de su honra*", *Bulletin of the Comediantes*,
XXIX (1977), 1-6.
[60] A. I. Watson, "Peter the cruel or Peter the just", *Romanistisches Jahrbuch*, XIV (1963), 340-41.

adoptamos hacia sus comentarios sobre el rey, sobre cuyo carácter el gracioso expresa sus dudas. Doña Mencía y don Enrique son tolerantes y simpáticos con Coquín; las únicas palabras duras que le dirige doña Mencía ("Villano, ¿cobarde estás?", 1307) son parte de su estratagema para sacar a don Enrique de la casa, y no deben ser interpretadas literalmente. Por el contrario, ni don Gutierre ni el rey encuentran gracioso a Coquín. Expresiones como "Aparta, necio" (454) y "¡Qué frialdad!" (1485) son sus reacciones a chistes que el público con seguridad encontraría divertidos. El público los vería no como hombres serios, sino como personas sin sentido del humor, incapaces de ver el lado cómico de la vida. Con ayuda de una referencia a Aristóteles, Coquín sugiere que la inhabilidad de reír del rey es antinatural, inhumana (1509-21); y así llegamos no sólo a la conclusión de que el rey es incapaz de reír sino también a la sospecha de que es incapaz de llorar. Coquín es un ser humano normal, capaz de reír y de llorar, pero su humanidad se encuentra reprimida y sofocada, como la vida de doña Mencía, por la sociedad inhumana en que vive, y particularmente por el rey y don Gutierre. Una sociedad como la suya merece ser ridiculizada despiadadamente, pero Coquín, sin la inmunidad tradicional acordada al bufón, ha de guardar silencio como todo el mundo:

> Pero, ¡tate!
> (que es un pero muy honrado
> del celebrado linaje
> de los tates de Castilla),
> porque el Rey está delante. (1444-8)

La nobleza, con su preocupación por el honor y el linaje, parece ser el blanco principal de este "chiste", que también da a entender que el silencio es necesario porque las familias más nobles tienen secretos vergonzosos que ocultar en su abolengo. Puede ser que incluso haya una referencia al linaje, supuestamente dudoso, del mismo rey don Pedro. Pero de Castilla trae a la memoria Pero Gil, el nombre con connotaciones judaicas que le dieron sus enemigos. [61]

Aunque cohibido como crítico social, Coquín al menos toma conciencia, a diferencia de los otros personajes, de la naturaleza esencialmente teatral de su sociedad. Esto nos recuerda que *El médico de su honra* quizá es contemporánea con *El gran teatro del mundo* y con *La vida es sueño,* en la cual Segismundo declara:

> Sueña el rey que es rey, y vive
> con este engaño mandando,
> disponiendo y gobernando;
> y este aplauso, que recibe
> prestado, en el viento escribe,
> y en cenizas le convierte
> la muerte...
> y en el mundo, en conclusión,
> todos sueñan lo que son,
> aunque ninguno lo entiende.

(La vida es sueño, 2158-77)

Coquín no es tan explícito. Cuando el rey le pregunta quién es, él contesta con estudiada ambigüedad: "quien os place soy" (véanse 711-23); y, después, responde a la pregunta ("¿sois / hombre que a cargo tenéis / la risa?", 769-71), con una alusión al teatro:

> Sí, mi señor;
> y porque lo echéis de ver,
> esto es *jugar de gracioso*
> en palacio.

(771-4)

Al pronunciar estas palabras se pone su sombrero, que, de esta manera, se convierte en un símbolo de su vestidura: las galas del papel del gracioso. Este papel le ha sido dado a Coquín, pero al aceptarlo lo reconoce por lo

---

[61] A. de los Ríos y Ríos, "Cómo y por qué se llamó a don Pedro 'el Cruel' Pero Gil", *Boletín de la Real Academia de la Historia,* XXXVI (1900), 58-65.

que es, y más tarde sugiere a don Pedro el papel que él debe jugar. Si don Pedro le diera los cien escudos,

> Fuera hacer tú aquesta tarde
> el papel de una comedia
> que se llamaba *El rey ángel*. (1456-8)

Don Pedro no es un ángel; como vimos, él no puede distinguir su papel a través de la vestidura. Por el contrario, Coquín, habiendo identificado su papel como el de "gracioso en palacio", usa su posición de familiaridad con el rey para tratar de salvar a doña Mencía. Al hacer esto, reconoce que su papel es sólo un medio para un fin, el fin mencionado en *El gran teatro del mundo*:

> Ama al otro como a ti,
> y obra bien, que Dios es Dios.
>
> (*El gran teatro*, 666-7)

Cuando don Pedro pregunta a Coquín que cómo puede pagarle por "tal piedad" (2765-66), Coquín le ruega que le perdone la acción contra sus dientes. El típico gracioso hubiera pedido una joya. Al tratar la pregunta como si fuese una broma, Coquín nos recuerda que uno no debe esperar ser recompensado por un acto de piedad, y también que su concierto con el rey, si se le hubiese hecho cumplir, habría sido lo opuesto de un acto de piedad. Don Pedro, incapaz como de costumbre de comprender el chiste, sólo oye el valor literal de lo que dice Coquín y le regaña por su falta de gravedad:

> No es ahora tiempo de risa. (2769)

La respuesta de Coquín es un comentario devastador sobre la personalidad del rey: "¿Cuándo lo fue?". Lo que Coquín insinúa es que a don Pedro le falta no sólo un sentido del humor, sino un sentido de lo que es apropiado; esto es, que le falta humanidad. Por el contrario, Coquín posee todos estos sentidos; nuestra impresión es que hubiera hecho el papel del rey mucho mejor que don Pedro.

Coquín no logra salvar a doña Mencía, pero a través de sus chistes intencionados, sus comentarios críticos y su conducta desinteresada, nos ayuda a comprender la obra. Nos ayuda a percibir que no es el drama amoral y sangriento que parece ser a primera vista, sino una tragedia conmovedora, escrita en la misma vena que otras obras calderonianas, tales como *El príncipe constante, La vida es sueño* y *El gran teatro del mundo.*

D. W. CRUICKSHANK

SINOPSIS DE LA VERSIFICACIÓN

PRIMERA JORNADA

1-76	redondillas
77-314	romance é-o (153-4, "estribillo")
315-574	décimas
575-608	silvas
609-672	octavas reales
673-1020	romance é

SEGUNDA JORNADA

1021-1142	romance ú-e
1143-1170	redondillas
1171-1402	décimas (1381-1392, "décima" irregular)
1403-1474	romance á-e
1475-1484	décima
1485-1524	romance á-e
1525-1584	décimas
1585-1712	romance é-a (1609-10, 1657-8, 1711-12, "estribillos")
1713-1860	redondillas
1861-2048	silvas

TERCERA JORNADA

2049-2108	décimas
2109-2328	romance í-e
2329-2507	silvas
2508-2725	romance á-e
2726-2813	redondillas
2814-2953	romance á-a

RESUMEN

Romance:	1526	versos (51,7 %)
Décimas	622	versos (21,0 %)
Silvas:	401	versos (13,6 %)
Redondillas:	340	versos (11,5 %)
Octavas:	64	versos (2,2 %)

Ediciones más importantes de *El médico de su honra,* con las abreviaturas empleadas en ésta.

QC: SEGVNDA PARTE DE LAS COMEDIAS DE DON PEDRO CALDERON de la Barca, Cauallero del Abito de Santiago. Recogidas *Por don Ioseph Calderon de la Barca su hermano.* En Madrid, *Por Maria de Quiñones,* Año M.DC.XXXVII. *A costa de Pedro Coello Mercader de Libros.* (Tomo V de *The Comedias of Calderón,* una edición en facsímil preparada por D. W. Cruickshank y J. E. Varey, Londres, 1973.)

S: SEGVNDA PARTE DE LAS COMEDIAS DE DON PEDRO CALDERON DE LA BARCA, CAVALLERO DEL ABITO DE SANTIAGO. *RECOGIDAS* Por don Ioseph Calderon de la Barca su hermano. Año 1641. EN LA IMPRENTA DE CARLOS SANCHEZ. *A costa de Antonio de Ribero, mercader de libros, en la calle de Toledo.* (Tomo VI de *The Comedias of Calderón.*)

Q: SEGVNDA PARTE DE COMEDIAS, DE DON PEDRO CALDERON DE LA Barca, Cauallero del Abito de Santiago. *RECOGIDAS* POR DON IOSEPH CALDERON DE LA Barca, su hermano. En Madrid: Por *Maria de Quiñones.* Año de M.DC.XXXVII. (Tomo VII de *The Comedias of Calderón.*)

VT: PARTE SEGUNDA DE COMEDIAS DEL CELEBRE POETA ESPAÑOL, DON PEDRO CALDERON DE LA BARCA, CAVALLERO DE LA ORDEN DE SANTIAGO, Capellan de Honor de su Magestad, y de los señores Reyes Nueuos en la Santa Iglesia de Toledo, QVE NVEVAMENTE CORREGIDAS PVBLICA DON IVAN DE VERA TAS-

SIS Y VILLARROEL SV MAYOR AMIGO; En MADRID
Por *Francisco Sanz,* Impressor del Reyno, y Portero de
Camara de su Magestad. Año de 1686.

H: Comedias de Don Pedro Calderón de la Barca. Colección
más completa que todas las anteriores, hecha e ilustrada por
Don Juan Eugenio Hartzenbusch. 4 tomos, Madrid, 1848-50
(BAE, tomos 7, 9, 12, 14): tomo I (1848), pp. 347-65.

AM: Obras completas de Calderón, I. Dramas. Textos ínte-
gros según las primeras ediciones y los manuscritos autógrafos, que saca a luz Luis Astrana Marín, Madrid, 1932,
pp. 135-66.

VB: Calderón de la Barca, Dramas de honor, II: El médico
de su honra y El pintor de su deshonra. Edición, prólogo y
notas de Ángel Valbuena Briones, Madrid, 1956 (Clásicos
castellanos, 142), pp. 11-118.

J: Pedro Calderón de la Barca, El médico de su honra, edited
by C. A. Jones, Oxford, 1961.

W: Teatro español del Siglo de Oro. Masterpieces by Lope de
Vega, Calderón and their contemporaries. Edited with in-
troduction, notes and vocabulary by Bruce W. Wardropper,
Nueva York, 1970, pp. 497-609.

La prioridad de QC sobre Q fue ya establecida por Heaton
y Wilson [1]. QC es la verdadera primera edición de la *Segunda
parte,* y Q es una reimpresión hecha poco después de 1670,
probablemente por los impresores Juan Fernández de Buen-
día y la viuda de Melchor Alegre [2]. Según la portada de QC,
las doce comedias que contiene fueron "recogidas por don
Joseph Calderón de la Barca", el hermano menor del poeta.
Algunas veces, este tipo de declaración reflejaba el deseo de
un autor de ocultar que la colección había sido preparada por
él mismo. En este caso, sin embargo, debemos tomar en cuenta
el mal estado de preservación de algunas de las comedias in-
cluidas en esta *Segunda parte,* especialmente *El astrólogo fingido, El mayor monstruo del mundo* y *A secreto agravio se-*

[1] H. C. Heaton, "On the *Segunda parte* of Calderón", *Hispanic
Review,* V (1937), pp. 208-24; y E. M. Wilson, "The two editions
of Calderón's *Primera parte* of 1640", *The Library,* V, xiv (1959),
pp. 175-91 (184-91).

[2] D. W. Cruickshank, "The textual criticism of Calderón's
comedias: a survey", en E. M. Wilson y D. W. Cruickshank, *The
textual criticism of Calderón's comedias,* Londres, 1973, pp. 4-5.

creta venganza. Los investigadores que han comparado estos tres textos con otras versiones antiguas han descubierto que la *Segunda parte* contiene errores y omisiones [3]. En el caso de *El médico de su honra,* no podemos hacer uso de versiones anteriores, ya que no existe ninguna. Por fortuna, el texto de nuestra obra tiene muy pocos errores obvios, y presenta pocos problemas textuales. Por otro lado, el texto reproduce algunos ejemplos de la peculiar ortografía calderoniana. Éstos incluyen el uso de *aora* (bisílabo) y *agora* (trisílabo), uso al que Calderón permaneció fiel toda su vida, pero que muy raramente fue imitado por sus compositores con tanta escrupulosidad como aquí; y también el uso de *adlante* (Atlante, 675), que es como esta palabra aparece escrita en los manuscritos autógrafos de *La selva confusa, Yerros de naturaleza* y *En la vida todo es verdad y todo mentira.* Pero hay también en este texto una serie de palabras cuya ortografía no es típicamente calderoniana, tales como *oi, ai, voi,* etc., y, aún menos típica, *digisteis* (604), *linage(s)* (1446, 1590), *bageza* (2463) y *atage* (2649). Calderón siempre, o casi siempre, escribía *oy, ay, voy, dijisteis, linaje, bajeça, ataje.* Esta ortografía pertenecía, casi con seguridad, a un compositor de la imprenta de María de Quiñones, ya que también ocurre en la *Primera parte* de Calderón y en el *Secretario de señores* de Gabriel Pérez del Barrio Angulo, impresos por María de Quiñones en 1636 y 1635, respectivamente. No podemos estar seguros del texto-copia que utilizó el compositor para su edición de *El médico;* pero si no fue el manuscrito autógrafo, tuvo que ser una copia bastante exacta de él.

En la edición de 1641 alguien se tomó la molestia de corregir algunos errores secundarios —aunque no por eso sin importancia— en el texto de nuestra obra (p. ej., versos 30, 78, 110, 182, 735, 749, 763, 860, 1361, 1500, 1622, 1826, 1847, 2884). A primera vista estas correcciones parecen ser lo bastante buenas como para haber sido hechas por el mismo Calderón, o por lo menos como para haber sido obtenidas de un manuscrito de gran autoridad textual. Sin embargo, Vera Tassis, quien, como veremos, solamente utilizó Q, introdujo en

---

[3] E. W. Hesse en su edición de *El mayor monstruo,* Madison, 1955, pp. 5-6; E. M. Wilson, "Notes on the text of *A secreto agravio secreta venganza*", *Bulletin of Hispanic Studies,* XXXV (1958), 72-82; y M. Oppenheimer en su edición de *El astrólogo fingido,* Lawrence, 1976, pp. xxi-xxii.

su edición exactamente las mismas correcciones en trece de
los catorce casos que nos ocupan. En el verso 1826, en vez
de *obra,* que es la lectura errónea de QC, él eligió *obras,*
mientras que el corrector de S optó por *obrar.* Las dos versiones tienen sentido. Además, por lo menos una de las enmen-
daciones de S está equivocada: en la acotación que sigue al
verso 1354, la palabra *capa,* que es correcta, fue cambiada
por *cama,* la cual, aunque tiene sentido en el contexto, es
errónea. Muchos errores claros quedaron también sin corregir.
Finalmente, no es probable que los hermanos Calderón tuvie-
sen tiempo para corregir el volumen mientras estaba en la imprenta. Según parece, la carrera militar de José no le permitió
ir a Madrid durante 1640 y 1641; Pedro se presentó para su
servicio militar el 28 de mayo de 1640, comenzó a servir el
29 de septiembre, y estuvo con las tropas castellanas en Cataluña durante gran parte de 1640 y 1641 [4]. Lo más probable
es que el corrector fuera el librero Antonio de Ribero, quien
también escribió la dedicatoria (la dedicatoria de la primera
edición está firmada por José Calderón).

Francisco Eusebio, conde de Pötting, embajador austríaco en
Madrid de 1663 a 1673, era un gran aficionado al teatro y a
la lectura de obras teatrales. Compró su ejemplar de Q, que
todavía existe, en 1673 [5]. Dos de los documentos en los preliminares, que deberían llevar la fecha 1637, aparecen en esta
edición fechados "1673". Así que es posible que el libro fuera
impreso en 1673. En 1937, Heaton insinuó que quizás Calderón introdujera algunas correcciones en la reimpresión [6].
El texto de nuestra obra sólo contiene cinco correcciones buenas: 477, 1622, 2325, 2636 y la acotación del verso 2649;
ninguna de ellas es excepcional. Algunas de las erratas obvias
de QC son reproducidas en Q (p. ej., verso 1967, *astos* en
vez de *estos*), y también se han introducido numerosos errores
nuevos. A continuación damos los más importantes:

[4] E. M. Wilson, "Un memorial perdido de don Pedro Calderón"; Cotarelo y Mori, *Ensayo sobre la vida y obras de don Pedro
Calderón de la Barca,* pp. 216-17.

[5] D. W. Cruickshank, "The library of Count von Pötting:
Transactions of the Cambridge Bibliographical Society, VI, 2
(1973), 110-14.

[6] Heaton, "On the *Segunda parte* of Calderón", pp. 222-24;
pero véase también A. E. Sloman, "The missing lines of *El
mayor encanto amor*", en *Homenaje a Dámaso Alonso,* tomo III,
Madrid, 1963, pp. 425-30.

QC	Q
1361 mas es engaño! y [sic] de mi,	mas engaño: ay de mi!
1395 en tu ausencia estos antojos	FALTA
1396 suelen mi dueño fingir.	suelen mi engaño fingir.
1485 *Coq.* Pues a Dios dientes.	FALTA

QC contiene un error en el verso 1361; Q lo corrige, pero al omitir una palabra comete un nuevo error. Las correcciones que introdujo Vera Tassis en estos versos muestran claramente que están basadas solamente en las lecturas de Q y en su propio parecer. Su verso 1361, "mas engañome, ay de mi!", tiene ocho sílabas, pero se aleja todavía más de la lectura original. El verso 1396 lo reprodujo exactamente, con el error. Para el verso 1395 necesitaba una palabra que rimase con *enojos* (1394): el resultado es "vanas quimeras, y antojos"; finalmente, para suplir las sílabas que faltaban en el verso 1485, inventó: "*Coquín*. No es más caliente." Podemos dar otros ejemplos, pero todos nos llevarían a la misma conclusión: Vera Tassis inventó lecturas para llenar las lagunas de Q. Él era un editor concienzudo, y pocos errores se le escapaban; cuando los errores no eran muy complicados, casi siempre lograba recobrar la lectura original. Desgraciadamente, su celo por corregir el texto le llevaba a menudo a introducir "correcciones" en lugares donde no eran necesarias. Los peores ejemplos de esta costumbre suya son quizá los versos 1315, 1322 y 1358: en cada caso Calderón empleó el verbo *topar,* que Vera sustituyó por el más elegante, *encontrar.*

En 1726 apareció una segunda edición de la versión de la *Segunda parte* de Vera Tassis. No se conoce con seguridad la fecha de la muerte de Vera: estaba todavía vivo en 1706, cuando tendría setenta años; moriría poco después de ese año. De cualquier modo, no existe evidencia de que él hubiese podido corregir la edición de 1726.

Como la edición de 1637, la de 1686 fue falsificada, pero con la fecha incorrecta de "1683" en la portada. La fecha verdadera parece ser 1700-1710, y el volumen está formado por sueltas que fueron impresas quizá poco antes. Se conocen tres sueltas de *El médico* que fueron utilizadas para formar diferentes tomos de comedias, pero todas están derivadas de la edición de Vera Tassis de 1686.

En el siglo xviii se imprimieron más sueltas: K. y R. Reichenberger han encontrado nueve ediciones diferentes, sin contar las utilizadas en la edición falsa de "1683". En los siglos xix y xx han aparecido más ediciones, y la obra ha sido traducida al alemán (1825), polaco (1827), francés (1835), italiano (1844), inglés (1848), ruso (1860), checo (1871) y húngaro (1888)[7]. El número de traducciones (más de veinte ediciones diferentes) es muy superior a la media para una obra calderoniana, y atestigua el éxito que ha tenido este drama fuera de España *.

---

[7] Hay una lista completa de las ediciones y traducciones de *El médico* en Kurt y Roswitha Reichenberger, *Bibliographisches Handbuch der Calderón-Forschung/Manual bibliográfico calderoniano*, tomo I, Kassel, 1979, pp. 354-63.

* Doy mis sentidas gracias a dos colegas, doctor José M. Ruano y doctora María I. Butler de Foley, por su ayuda y sus consejos en la preparación de la versión española de esta Introducción y de las notas.

BIBLIOGRAFÍA SELECTA

Acero, Nicolás: "Los Fajardos. *El médico de su honra"*, *Revista Contemporánea*, XCIX (1895), pp. 239-48, 588-94.

Amezúa, Agustín González de: "Un dato para las fuentes de *El médico de su honra"*, *Revue Hispanique*, XXI (1909), pp. 395-411.

Blue, William R.: "«¿Qué es esto que miro?»: converging sign systems in *El médico de su honra"*, *Bulletin of the Comediantes*, XXX (1978), pp. 83-96.

Casa, Frank P.: "Crime and responsibility in *El médico de su honra"*, en *Homenaje a William L. Fichter*, Madrid, 1971, pp. 127-37.

——: "Honor and the wife-killers of Calderón", *Bulletin of the Comediantes*, XXIX (1977), pp. 6-24.

——: "Some remarks on Professor O'Connor's article «Is the Spanish *comedia* a metatheater?»", *Bulletin of the Comediantes*, XXVIII (1976), pp. 27-31.

Cruickshank, Don W.: "Calderón's King Pedro: just or unjust?", *Spanische Forschungen*, XXV (1970), pp. 113-32.

——: "«Pongo mi mano en sangre bañada a la puerta»: adultery in *El médico de su honra"*, en *Studies in Spanish literature of the Golden Age presented to Edward M. Wilson*, Londres, 1973, pp. 45-62.

Dunn, Peter N.: "Honour and the Christian background in Calderón", *Bulletin of Hispanic Studies*, XXXVII (1960), pp. 75-105.

Edwards, Gwynne: *The prison and the labyrinth*, Cardiff, 1978, pp. 60-85.

Exum, Frances: "«¿Yo a un vasallo...?» Prince Henry's role in Calderón's *El médico de su honra"*, *Bulletin of the Comediantes*, XXIX (1977), pp. 1-6.

Fischer, Susan L.: "The art of role-change in Calderonian drama", *Bulletin of the Comediantes*, XXVII (1975), pp. 73-9.

Fox, Dian: *"El médico de su honra:* political considerations", *Hispania*, LXV (1982), pp. 28-38.

García Gómez, Ángel M.: *"El médico de su honra:* perfil y función de Coquín", en *Actas del "Congreso Internacional sobre Calderón y el Teatro Español del Siglo de Oro" (Madrid, 8-13 de junio de 1981)*, Madrid, 1983, tomo II, pp. 1025-37.

Heiple, Daniel L.: "Gutierre's witty diagnosis in *El médico de su honra"*, en *Critical perspectives on Calderón de la Barca*, Lincoln (Nebraska), 1981, pp. 81-90.

Hesse, Everett W.: "A psychological approach to *El médico de su honra"*, *Romanistisches Jahrbuch*, XXVIII (1977), pp. 326-40.

——: "Gutierre's personality in *El médico de su honra"*, *Bulletin of the Comediantes*, XXVIII (1976), pp. 11-16.

——: "Honor and behavioral patterns in *El médico de su honra"*, *Romanische Forschungen*, LXXXVIII (1976), pp. 1-15.

——: "Los tribunales del honor en *El médico de su honra"*, en *Homenaje a Guillermo Guastavino*, Madrid, 1974, pp. 201-12.

Howe, Elizabeth T.: "Fate and Providence in Calderón de la Barca", *Bulletin of the Comediantes*, XXIX (1977), pp. 103-17.

Jones, Cyril A.: *"Honor* in Spanish Golden-Age drama: its relation to real life and to morals", *Bulletin of Hispanic Studies*, XXXV (1958), pp. 199-210.

——: "Spanish honour as historical phenomenon, convention and artistic motive", *Hispanic Review*, XXXIII (1965), pp. 32-9.

King, Lloyd: "The role of King Pedro in Calderón's *El médico de su honra"*, *Bulletin of the Comediantes*, XXIII (1971), pp. 44-9.

Kirby, Carol Bingham: "Theater and history .in Calderón's *El médico de su honra"*, *Journal of Hispanic Philology*, V (1981), pp. 123-35.

Kossoff, A. D.: *"El médico de su honra* and *La amiga de Bernal Francés"*, *Hispanic Review*, XXIV (1956), pp. 66-70.

MacCurdy, R. R.: "A critical review of *El médico de su honra* as tragedy", *Bulletin of the Comediantes*, XXXI (1979), pp. 3-14.

Maraniss, James E.: *On Calderón*, Columbia y Londres, 1978, pp. 63-77.

Menéndez y Pelayo, M.: "Dramas trágicos" en *Calderón y su teatro*, 4.ª ed., Madrid, 1910, pp. 287-346. Reimpreso en M. Durán y R. González Echevarría: *Calderón y la crítica: historia y antología*, Madrid, 1976, tomo I, pp. 127-65.

Morón Arroyo, Ciriaco: "Dialéctica y drama: *El médico de su honra*", en *Actas del "Congreso Internacional sobre Calderón..."*, tomo I, pp. 519-32.

Neuschäfer, Hans-Jörg: "El triste drama del honor: formas de crítica ideológica en el teatro de honor de Calderón", en *Hacia Calderón: Segundo Coloquio Anglogermano*, Berlín, 1973, pp. 89-108.

O'Connor, T. A.: "Is the Spanish *comedia* a metatheatre?", *Hispanic Review*, XLIII (1975), pp. 275-89.

——: "The interplay of prudence and imprudence in *El médico de su honra*", *Romanistisches Jahrbuch*, XXIV (1973), pp. 303-22.

Oostendorp, H. T.: "El sentido del tema de la honra matrimonial en las tragedias de honor", *Neophilologus*, LIII (1969), pp. 14-29.

Parker, A. A.: "*El médico de su honra* as tragedy", *Hispanófila (Número especial dedicado a la comedia, 2)*, Chapel Hill, 1975, pp. 3-23.

——: "Metáfora y símbolo en la interpretación de Calderón", en *Actas del Primer Congreso Internacional de Hispanistas*, Oxford, 1964, pp. 141-60.

——: "Hacia una definición de la tragedia calderoniana", en *Calderón y la crítica...*, tomo II, pp. 359-87 (publicado en inglés en 1962).

Parker, J. H.: "Tragedy (illustrated by *El médico de su honra*) and comedy (illustrated by *El lindo don Diego*) in seventeenth-century Spain", *Hispanófila (Número especial dedicado a la comedia, 1)*, Chapel Hill, 1974, pp. 29-35.

Paterson, Alan: "The alchemical marriage in Calderón's *El médico de su honra*", *Romanistisches Jahrbuch*, XXX (1979), pp. 263-82.

Reichenberger, A. G.: "Thoughts about tragedy in the Spanish theater of the Golden Age", *Hispanófila (Número especial dedicado a la comedia, 1)*, pp. 37-45.

Rogers, D.: "«Tienen los celos pasos de ladrones»: silence in Calderón's *El médico de su honra*", *Hispanic Review*, XXXIII (1965), pp. 273-89.

Sloman, A. E.: "Calderón's *El médico de su honra* and *La amiga de Bernal Francés*", *Bulletin of Hispanic Studies*, XXXIV (1957), pp. 168-9.

——: *The dramatic craftsmanship of Calderón*, Oxford, 1958, pp. 18-58.

Soons, C. A.: "The convergence of doctrine and symbol in *El médico de su honra*", *Romanische Forschungen*, LXXII (1960), pp. 370-80.

Sullivan, Henry W.: "The problematic of tragedy in Calderón's *El médido de su honra*", *Revista Canadiense de Estudios Hispánicos*, V (1981), pp. 355-72.

Ter Horst, Robert: "From comedy to tragedy: Calderón and the new tragedy", *Modern Language Notes*, XCII (1977), número 2, pp. 181-201.

Valentine, R. Y.: "The rhetoric of therapeutic symbols in Calderón's *El médico de su honra*", *Bulletin of the Comediantes*, XXXII (1980), pp. 39-48.

Wardropper, B. W.: "La imaginación en el metateatro calderoniano", en *Actas del Tercer Congreso Internacional de Hispanistas*, México, 1970, pp. 923-30.

——: "Poesía y drama en *El médico de su honra* de Calderón", en *Calderón y la crítica...*, tomo II, pp. 582-97 (publicado en inglés en 1958).

——: "The implicit craft of the Spanish *comedia*", en *Studies in Spanish literature of the Golden Age presented to Edward M. Wilson*, pp. 339-56.

Watson, A. I.: "Peter the Cruel or Peter the Just? A reappraisal of the rôle played by King Peter in Calderón's *El médico de su honra*", *Romanistisches Jahrbuch*, XIV (1963), pp. 322-46.

Wilson, Edward M.: "Gerald Brenan's Calderón", *Bulletin of the Comediantes*, VI (1952), pp. 6-8.

NOTA PREVIA

L A presente edición está basada en QC, que es la genuina edición de la *Segunda parte* de 1637, impresa por María de Quiñones para el librero Pedro Coello. No existen variantes de importancia entre los ejemplares de esta edición en Cambridge, Florencia, Nápoles, Módena y München. También se han consultado las otras ediciones importantes, enumeradas en la NOTICIA BIBLIOGRÁFICA. Todas las alteraciones al texto de QC aparecen en las notas al pie de página, con la excepción de las correcciones de simples errores de imprenta. Las adiciones y las alteraciones a las acotaciones aparecen entre corchetes, pero en las notas al pie de página se refiere solamente a las alteraciones. Las formas abreviadas de los nombres de los personajes varían mucho en QC; por tanto, se han regularizado sin comentarios. También se han modernizado los accidentales del texto, aunque conservando la ortografía antigua de algunas palabras, ya que puede reflejar una pronunciación diferente (*inorme, lisión, difinición*), o ser necesaria para la rima, o para la asonancia (*hay/cay, vía/parecía, mesmo/deseo*). Se ha retenido también la diferencia calderoniana entre *aora* y *agora,* así como el uso (que puede ser de interés estadístico) de *deste* y *de este* y otros parecidos. Aparte de las abreviaturas mencionadas en la NOTICIA BIBLIOGRÁFICA, se han empleado las siguientes en las notas al pie de página:
Covarrubias: Sebastián de Covarrubias Orozco, *Tesoro de la lengua castellana o española,* Madrid, 1611.

DC: enmienda del autor de esta edición.

Dicc. de Autoridades: *Diccionario de la lengua castellana... compuesto por la Real Academia Española,* Madrid, 1726-39.

Dicc. de la RAE: *Diccionario de la lengua española,* decimonona edición, Madrid, 1970.

Henkel & Schöne: A. Henkel y A. Schöne, *Emblemata. Handbuch zur Sinnbildkunst des XVI. und XVII. Jahrhunderts,* Stuttgart, 1967.

Martínez Kleiser: L. Martínez Kleiser, *Refranero ideológico español,* Madrid, 1953.

OC: Pedro Calderón de la Barca, *Obras completas,* 3 tomos, Madrid (Aguilar): tomo I, 5.ª edición, 1966, tomo II, 1.ª edición, 1956; tomo III, 1.ª edición, 1952.

D. W. C.

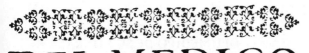

DEL MEDICO
DE SV HONRA.

COMEDIA FAMOSA,

De don Pedro Calderon de la Barca.

Perſonas que hablan en ella.

Don Gutierre.	*Doña Mencia de Acuña.*
Rey Don Pedro.	*Leonor.*
Infante Don Enrique	*Vna eſclaua.*
Don Arias.	*Ines criada.*
Don Diego.	

Suena ruido de caxa, y sale cayendo el Infante don Enrique, y don Arias, y don Diego y algo detras el Rey don Pedro, todos de camino.

*Enri.*Ieſus mil vezes.*D.A.*El cielo
te valga.*Rey.*q̃ fue?*D.A.*Cayò
el cauallo, y arrojò
deſde èl al Infante al ſuelo.
*Rey.*Si las torres de Sevilla
ſaluda de eſſa manera,
nunca a Sevilla viniera,
nunca dexàra a Caſtilla
Enrique hermano.
*D.D.*Señor.*Rey.*No buelue?
*D.A.*A vn tiempo ha perdido
pulſo,color,y ſentido,

que deſdicha!*D.D.*Que dolor!
*Rey.*Llegad a eſſa quinta bella,
que eſtà del camino al paſſo
don Arias a ver ſi a caſo
regozijo vn poco en ella,
cobra ſalud el Infante,
todos os quedad aqui,
y dadme vn cauallo a mi,
que he de paſſar adelante,
que aunq̃ eſte horror y mancilla,
mi Remora pudo ſer,
no me quiero detener,

haſta

DEL MÉDICO DE SU HONRA, COMEDIA FAMOSA

De don Pedro Calderón de la Barca

Personas que hablan en ella

DON GUTIERRE	DOÑA MENCÍA DE ACUÑA
EL REY DON PEDRO	DOÑA LEONOR
EL INFANTE DON ENRIQUE	UNA ESCLAVA [JACINTA]
DON ARIAS	INÉS, CRIADA
DON DIEGO	[TEODORA, CRIADA]
[COQUÍN, LACAYO]	[LUDOVICO, SANGRADOR]
[SOLDADOS]	[UN VIEJO]

[*Música*] *

---

* Éstas son todas las personas que *hablan*. También se refiere
a una criada, Silvia (1051), y a "toda la compañía" (808+). QC
tiene el reparto siguiente: *Don Gutierre. / Rey Don Pedro. /
Infante Don Enrique. / Don Arias. / Don Diego. // Doña Mencia de Acuña. / Leonor. / Vna esclaua. / Ines criada.*

[PRIMERA JORNADA]

*Suena ruido de caja, y sale cayendo el Infante don Enrique,
y don Arias, y don Diego y algo detrás el Rey don Pedro,
todos de camino.*

DON ENRIQUE

¡Jesús mil veces!

DON ARIAS
¡El cielo

te valga!

REY

¿Qué fue?

DON ARIAS
Cayó

el caballo, y arrojó
desde él al Infante al suelo.

REY

Si las torres de Sevilla   5
saluda de esa manera,
¡nunca a Sevilla viniera,
nunca dejara a Castilla!
¡Enrique! ¡Hermano!

Primera acotación: en VT y en algunas ediciones posteriores,
Suena ruido de caza...; pero las palabras *de camino* (es
decir, con botas y espuelas, sombreros y capas) y los versos 5-8 y 502-3 indican que el rey y su séquito viajan desde
Castilla a Sevilla.

75

DON DIEGO

¡Señor!

REY

¿No vuelve?

DON ARIAS

A un tiempo ha perdido   10
pulso, color y sentido.
¡Qué desdicha!

DON DIEGO

¡Qué dolor!

REY

Llegad a esa quinta bella,
que está del camino al paso,
don Arias, a ver si acaso,   15
recogido un poco en ella,
cobra salud el Infante.
Todos os quedad aquí,
y dadme un caballo a mí,
que he de pasar adelante;   20
que aunque este horror y mancilla
mi rémora pudo ser,
no me quiero detener
hasta llegar a Sevilla.
Allá llegará la nueva   25
del suceso.

Vase.

DON ARIAS

Esta ocasión
de su fiera condición
ha sido bastante prueba.
¿Quién a un hermano dejara,
tropezando desta suerte   30

16 *recogido*, VT; *regozijo* en QC, S, Q.
30 *desta suerte*, S, VT; *deste fuerte* en QC, Q.

en los brazos de la muerte?
¡Vive Dios!

DON DIEGO

Calla, y repara
en que, si oyen las paredes,
los troncos, don Arias, ven,
y nada nos está bien.   35

DON ARIAS

Tú, don Diego, llegar puedes
a esa quinta; y di que aquí
el Infante mi señor
cayó. Pero no; mejor
será que los dos así   40
le llevemos donde pueda
descansar.

DON DIEGO

Has dicho bien.

DON ARIAS

Viva Enrique, y otro bien
la suerte no me conceda.

*Llevan al Infante,
y sale doña Mencía y Jacinta, esclava herrada.*

DOÑA MENCÍA

Desde la torre los vi,   45
y aunque quien son no podré

---

33 Posible alusión a la comedia de Ruiz de Alarcón, *Las pare-*
des oyen, publicada en su *Primera parte* en 1628.
44+ *esclava herrada*: herrada, sin duda, con "una S y un cla-
vo" (es-clavo), como dice Pedro Crespo en *El alcalde de*
Zalamea (*OC*, I, 565a). Según Covarrubias, "pocas vezes, o
nunca se hierran los esclavos, salvo quando son fugitivos e
incorregibles: y si no son Christianos no tiene tanto incon-
veniente".
46 *quien son*: existía la forma *quienes* en el siglo XVII, pero se
consideraba inelegante. Véase *El gran teatro del mundo*,
edición de E. Frutos Cortés, Salamanca, 1958, p. 42.

distinguir, Jacinta, sé
que una gran desdicha allí
  ha sucedido. Venía
un bizarro caballero   50
en un bruto tan ligero,
que en el viento parecía
  un pájaro que volaba;
y es razón que lo presumas,
porque un penacho de plumas   55
matices al aire daba.

  El campo y el sol en ellas
compitieron resplandores;
que el campo le dio sus flores,
y el sol le dio sus estrellas;   60
  porque cambiaban de modo,
y de modo relucían,
que en todo al sol parecían,
y a la primavera en todo.

  Corrió, pues, y tropezó   65
el caballo, de manera
que lo que ave entonces era,
cuando en la tierra cayó
  fue rosa; y así en rigor
imitó su lucimiento   70
en sol, cielo, tierra y viento,
ave, bruto, estrella y flor.

JACINTA

¡Ay, señora! En casa ha entrado...

DOÑA MENCÍA

¿Quién?

JACINTA

  ...un confuso tropel
de gente.

DOÑA MENCÍA

¿Mas que con él   75
a nuestra quinta han llegado?

*Salen don Arias y don Diego, y sacan al Infante, y siéntanle
en una silla.*

DON DIEGO

En las casas de los nobles
tiene tan divino imperio
la sangre del Rey, que ha dado
en la vuestra atrevimiento   80
para entrar desta manera.

DOÑA MENCÍA [*Ap.*]

¿Qué es esto que miro? ¡Ay cielos!

DON DIEGO

El Infante don Enrique,
hermano del Rey don Pedro,
a vuestras puertas cayó,   85
y llega aquí medio muerto.

DOÑA MENCÍA

¡Válgame Dios, qué desdicha!

DON ARIAS

Decidnos a qué aposento
podrá retirarse, en tanto
que vuelva al primero aliento   90
su vida. ¿Pero qué miro?
¡Señora!

75 *mas que*: equivale, aquí, a *¡a que...!*; véase la nota de A.
Zamora Vicente en su edición de *El villano en su rincón,*
Madrid, 1963, p. 46, y comp. la de M. G. Profeti en su
edición de *Fuenteovejuna,* Madrid, 1978, p. 11.
78 *tiene,* S, VT: *tienen* en QC, Q.
85 *vuestras,* VT; *nuestras* en QC, S, Q.

DOÑA MENCÍA

¡Don Arias!

DON ARIAS

Creo
que es sueño fingido cuanto
estoy escuchando y viendo.
¿Que el Infante don Enrique,   95
más amante que primero,
vuelva a Sevilla, y te halle
con tan infeliz encuentro,
puede ser verdad?

DOÑA MENCÍA

Sí es;
¡y ojalá que fuera sueño!   100

DON ARIAS

Pues ¿qué haces aquí?

DOÑA MENCÍA

De espacio
lo sabrás; que ahora no es tiempo
sino sólo de acudir
a la vida de tu dueño.

DON ARIAS

¿Quién le dijera que así   105
llegara a verte?

DOÑA MENCÍA

Silencio,
que importa mucho, don Arias.

DON ARIAS

¿Por qué?

---

93 *sueño fingido*: así en QC, S, Q; en VT, *sueño, ò fingido*,
que quizá da mejor sentido.
101 *de espacio*: forma anticuada del adverbio *despacio*.

DOÑA MENCÍA

Va mi honor en ello.
Entrad en ese retiro,
donde está un catre cubierto   110
de un cuero turco y de flores;
y en él, aunque humilde lecho,
podrá descansar. Jacinta,
saca tú ropa al momento,
aguas y olores que sean   115
dignos de tan alto empleo.

Vase Jacinta.

DON ARIAS

Los dos, mientras se aderiza,
aquí al Infante dejemos,
y a su remedio acudamos,
si hay en desdichas remedio.   120

Vanse los dos.

DOÑA MENCÍA

Ya se fueron, ya he quedado
sola. ¡O quién pudiera, ah, cielos,
con licencia de su honor
hacer aquí sentimientos!
¡O quién pudiera dar voces,   125
y romper con el silencio
cárceles de nieve, donde
está aprisionado el fuego,
que ya, resuelto en cenizas,
es ruina que está diciendo: 130
'Aquí fue amor'! Mas ¿qué digo?
¿Qué es esto, cielos, qué es esto?

---

110 *está*, S, VT; *estè* en QC, Q.
120 Posible alusión a la comedia de Lope, *El remedio en la
    desdicha*, publicada en su *Parte XIII* en 1620.
131 Comp. la expresión proverbial conocida, "aquí fue Troya".

Yo soy quien soy. Vuelva el aire
los repetidos acentos
que llevó; porque aun perdidos,   135
no es bien que publiquen ellos
lo que yo debo callar,
porque ya, con más acuerdo,
ni para sentir soy mía;
y solamente me´huelgo   140
de tener hoy que sentir,
por tener en mis deseos
que vencer; pues no hay virtud
sin experiencia. Perfeto
está el oro en el crisol,   145
el imán en el acero,
el diamante en el diamante,
los metales en el fuego:
y así mi honor en sí mismo
se acrisola, cuando llego   150
a vencerme, pues no fuera
sin experiencias perfeto.
¡Piedad, divinos cielos!
¡Viva callando, pues callando muero!
¡Enrique! ¡Señor!

DON ENRIQUE

¿Quién llama?   155

DOÑA MENCÍA

¡Albricias...

---

133 *soy quien soy*: expresión empleada con bastante frecuencia
en los dramas de honor calderonianos; implica un conflicto
entre un deber y un deseo, una conciencia de una conducta
que se debe seguir. Véase Leo Spitzer, "Soy quien soy",
Nueva Revista de Filología Española, I (1947), pp. 113-27.
144, 152 *perfeto*: es muy corriente esta reducción a la *t* sencilla
de los nexos consonánticos *ct* y *pt*; permite, por ejemplo,
la rima de *perfecto* y *concepto* con *discreto*. Véanse 326-7
y 2417-18.
155 *Señor*, VT; *suena* en QC, S, Q.

DON ENRIQUE

¡Válgame el cielo!

DOÑA MENCÍA

...que vive tu Alteza!

DON ENRIQUE

¿Dónde

estoy?

DOÑA MENCÍA

En parte, a lo menos,
donde de vuestra salud
hay quien se huelgue.

DON ENRIQUE

          Lo creo,   160
si esta dicha, por ser mía,
no se deshace en el viento,
pues consultando conmigo
estoy, si despierto sueño,
o si dormido discurro,   165
pues a un tiempo duermo y velo.
Pero ¿para qué averiguo,
poniendo a mayores riesgos
la verdad? Nunca despierte,
si es verdad que agora duermo;   170
y nunca duerma en mi vida,
si es verdad que estoy despierto.

DOÑA MENCÍA

Vuestra Alteza, gran señor,
trate prevenido y cuerdo

---

170 *agora*: en los manuscritos autógrafos de Calderón, *agora*
tiene siempre el valor de tres sílabas, y *aora,* dos. He
preservado la distinción, modernizando *aora* en *ahora*. Comp.
la nota de M. G. Profeti en su edición de *Fuenteovejuna*,
Madrid, 1978, p. 56.

de su salud, cuya vida   175
dilate siglos eternos,
fénix de su misma fama,
imitando al que en el fuego
ave, llama, ascua y gusano,
urna, pira, voz y incendio,   180
nace, vive, dura y muere,
hijo y padre de sí mesmo;
que después sabrá de mí
dónde está.

DON ENRIQUE

No lo deseo;
que si estoy vivo y te miro,   185
ya mayor dicha no espero;
ni mayor dicha tampoco,
si te miro estando muerto;
pues es fuerza que sea gloria
donde vive ángel tan bello.   190
Y así no quiero saber
qué acasos ni qué sucesos
aquí mi vida guiaron,

175-82 *fénix*: "ave singular y única... cuando se siente falta de
su vigor natural, fabrica sobre una palma un nido de leños
olorosos, sobre el cual se sienta, y batiendo las alas a los
rayos del sol, los enciende y se abrasa y quema en ellos,
hasta hacerse ceniza, de la cual sale un gusanito blanco, que
crece muy presto, y toma forma de huevo, del cual renace
otro nuevo fénix" (*Dicc. de Autoridades*). Doña Mencía
espera que la fama de don Enrique renacerá, como el fénix,
del accidente que acaba de sufrir (nota de W.).

180 *y incendio*: *y + i-* era muy corriente en el lenguaje del Siglo de Oro, aunque Covarrubias (s. v. *e*) dio como forma
preferida el ejemplo *María e Inés*.

182 *mesmo*, S, VT; *mismo* en QC, Q.

189-90 Comp. las palabras del comendador de Ocaña, cuando,
volviendo en sí, ve a la hermosa Casilda: "es justo pensar
que sea / cielo, donde un hombre vea / que hay ángeles
como vos" (*Peribáñez y el comendador de Ocaña*, edición
de A. Zamora Vicente, Madrid, 1963, p. 19).

ni aquí la tuya trujeron;
pues con saber que estoy donde   195
estás tú, vivo contento;
y así, ni tú que decirme,
ni yo que escucharte tengo.

DOÑA MENCÍA

([*Ap.*]Presto de tantos favores
será desengaño el tiempo.)   200
Dígame ahora, ¿cómo está
vuestra Alteza?

DON ENRIQUE

      Estoy tan bueno,
que nunca estuve mejor;
sólo en esta pierna siento
un dolor.

DOÑA MENCÍA

      Fue gran caída;   205
pero en descansando, pienso
que cobraréis la salud;
y ya os están previniendo
cama donde descanséis.
Que me perdonéis, os ruego,   210
la humildad de la posada;
aunque disculpada quedo...

DON ENRIQUE

Muy como señora habláis,
Mencía. ¿Sois vos el dueño
desta casa?

DOÑA MENCÍA

      No, señor;   215
pero de quien lo es, sospecho
que lo soy.

---

194 *trujeron*: esta forma del pretérito se empleaba con bastante
    frecuencia en el siglo XVII.

DON ENRIQUE

Y ¿quién lo es?

DOÑA MENCÍA

Un ilustre caballero,
Gutierre Alfonso Solís,
mi esposo y esclavo vuestro.   220

DON ENRIQUE

¿Vuestro esposo?

[*Levántase.*]

DOÑA MENCÍA

Sí, señor.
No os levantéis, deteneos;
ved que no podéis estar
en pie.

DON ENRIQUE

Sí puedo, sí puedo.

Sale don Arias.

DON ARIAS

Dame, gran señor, las plantas,   225
que mil veces toco y beso,
agradecido a la dicha
que en tu salud nos ha vuelto
la vida a todos.

Sale don Diego.

DON DIEGO

Ya puede
vuestra Alteza a ese aposento   230
retirarse, donde está
prevenido todo aquello
que pudo en la fantasía
bosquejar el pensamiento.

DON ENRIQUE

Don Arias, dame un caballo;   235
dame un caballo, don Diego.
Salgamos presto de aquí.

DON ARIAS

¿Qué decís?

DON ENRIQUE

          Que me deis presto
un caballo.

DON DIEGO

          Pues, señor...

DON ARIAS

Mira...

DON ENRIQUE

          Estáse Troya ardiendo,   240
y Eneas de mis sentidos,
he de librarlos del fuego.

[*Vase don Diego.*]

¡Ay, don Arias, la caída
no fue acaso, sino agüero
de mi muerte! Y con razón,   245
pues fue divino decreto
que viniese a morir yo,
con tan justo sentimiento,
donde tú estabas casada,
porque nos diesen a un tiempo   250
pésames y parabienes
de tu boda y de mi entierro.
De verse el bruto a tu sombra,

240-42 Don Enrique quiere rescatar sus sentidos del fuego de
      su pasión, así como rescató Eneas a su viejo padre Anquises
      del incendio de Troya.
252-53 *tu*, VT; *su* en QC, S, Q.

pensé que, altivo y soberbio,
engendró con osadía   255
bizarros atrevimientos,
cuando presumiendo de ave,
con relinchos cuerpo a cuerpo
desafiaba los rayos,
después que venció los vientos;   260
y no fue sino que al ver
tu casa, montes de celos
se le pusieron delante,
porque tropezase en ellos;
que aun un bruto se desboca   265
con celos; y no hay tan diestro
jinete, que allí no pierda
los estribos al correrlos.
Milagro de tu hermosura
presumí el feliz suceso   270
de mi vida, pero ya,
más desengañado, pienso
que no fue sino venganza
de mi muerte; pues es cierto
que muero, y que no hay milagros   275
que se examinen muriendo.

DOÑA MENCÍA

Quien oyere a vuestra Alteza
quejas, agravios, desprecios,
podrá formar de mi honor
presunciones y concetos   280
indignos dél; y yo agora,
por si acaso llevó el viento
cabal alguna razón,
sin que en partidos acentos
la troncase, responder   285
a tantos agravios quiero,

280 Véase la nota al verso 144.
281 *agora*: véase la nota al verso 170.
285 *troncase*, VT; *trocase* en QC, S, Q.

porque donde fueron quejas,
vayan con el mismo aliento
desengaños. Vuestra Alteza,
liberal de sus deseos,   290
generoso de sus gustos,
pródigo de sus afectos,
puso los ojos en mí:
es verdad, yo lo confieso.
Bien sabe, de tantos años   295
de experiencias, el respeto
con que constante mi honor
fue una montaña de hielo,
conquistada de las flores,
escuadrones que arma el tiempo.   300
Si me casé, ¿de qué engaño
se queja, siendo sujeto
imposible a sus pasiones,
reservado a sus intentos,
pues soy para dama más,   305
lo que para esposa menos? ·
Y así, en esta parte ya
disculpada, en la que tengo
de mujer, a vuestros pies
humilde, señor, os ruego   310
no os ausentéis desta casa,
poniendo a tan claro riesgo
la salud.

DON ENRIQUE

¡Cuánto mayor
en esta casa le tengo!

Salen don Gutierre Alfonso y Coquín.

305-06 Véase *No hay burlas con el amor*: "«decid, dijo, a vuestro
    dueño / que mi valor no conquista, / que soy grande para
    dama, / y para esposa soy chica.» / —Eso a reyes de come-
    dia..." (*OC*, II, 508b).
312 *claro riesgo*, H (lectura que concuerda mejor con *le* en 314);
    claros riesgos en QC, S, Q, VT.

DON GUTIERRE

Déme los pies vuestra Alteza,   315
si puedo de tanto sol
tocar, ¡o rayo español!,
la majestad y grandeza.
Con alegría y tristeza
hoy a vuestras plantas llego,   320
y mi aliento, lince y ciego,
entre asombros y desmayos,
es águila a tantos rayos,
mariposa a tanto fuego:
tristeza de la caída   325
que puso con triste efeto
a Castilla en tanto aprieto;
y alegría de la vida
que vuelve restituida
a su pompa, a su belleza,   330
cuando en gusto vuestra Alteza
trueca ya la pena mía.
¿Quién vio triste la alegría?,
¿quién vio alegre la tristeza?
Y honrad por tan breve espacio   335
esta esfera, aunque pequeña;
porque el sol no se desdeña,
después que ilustró un palacio,
de iluminar el topacio
de algún pajizo arrebol.   340
Y pues sois rayo español,
descansad aquí; que es ley
hacer el palacio el rey
también, si hace esfera el sol.

326 Véase la nota al verso 144.
335-44 En el sistema geocéntrico del universo, cada uno de los
       astros mayores tenía su propia esfera en que se revolvía;
       metafóricamente, la esfera de un príncipe como don En-
       rique (el sol) es un palacio, pero el sol también presta su
       luz al topacio (piedra semipreciosa, que simboliza la quinta
       de don Gutierre). Además, el sitio donde descansa un rey es
       efectivamente un palacio.
344 si hace, VT; harâ en QC, S, Q.

DON ENRIQUE

El gusto y pesar estimo   345
del modo que le sentís,
Gutierre Alfonso Solís;
y así en el alma le imprimo,
donde a tenerle me animo
guardado.

DON GUTIERRE

          Sabe tu Alteza   350
honrar.

DON ENRIQUE

          Y aunque la grandeza
desta casa fuera aquí
grande esfera para mí,
pues lo fue de otra belleza,
no me puedo detener;   355
que pienso que esta caída
ha de costarme la vida;
y no sólo por caer,
sino también por hacer
que no pasase adelante   360
mi intento: y es importante
irme; que hasta un desengaño
cada minuto es un año,
es un siglo cada instante.

DON GUTIERRE

Señor, ¿vuestra Alteza tiene   365
causa tal, que su inquietud
aventure la salud
de una vida que previene
tantos aplausos?

DON ENRIQUE

                    Conviene
llegar a Sevilla hoy.   370

DON GUTIERRE

Necio en apurar estoy
vuestro intento; pero creo
que mi lealtad y deseo...

DON ENRIQUE

Y si yo la causa os doy,
  ¿qué diréis?

DON GUTIERRE

        Yo no os la pido;   375
que a vos, señor, no es bien hecho
examinaros el pecho.

DON ENRIQUE

Pues escuchad: yo he tenido
un amigo tal, que ha sido
otro yo.

DON GUTIERRE

        Dichoso fue.   380

DON ENRIQUE

A éste en mi ausencia fié
el alma, la vida, el gusto
en una mujer. ¿Fue justo
que, atropellando la fe
  que debió al respeto mío,   385
faltase en ausencia?

DON GUTIERRE

        No.

DON ENRIQUE

Pues a otro dueño le dio
llaves de aquel albedrío;
al pecho que yo le fío,
introdujo otro señor;   390
otro goza su favor.

¿Podrá un hombre enamorado
sosegar con tal cuidado,
descansar con tal dolor?

DON GUTIERRE

No, señor.

DON ENRIQUE

                    Cuando los cielos   395
tanto me fatigan hoy,
que en cualquier parte que estoy,
estoy mirando mis celos,
tan presentes mis desvelos
están delante de mí,   400
que aquí los miro, y así
de aquí ausentarme deseo;
que aunque van conmigo, creo
que se han de quedar aquí.

DOÑA MENCÍA

Dicen que el primer consejo   405
ha de ser de la mujer;
y así, señor, quiero ser
(perdonad si os aconsejo)
quien os dé consuelo. Dejo
aparte celos, y digo   410
que aguardéis a vuestro amigo,
hasta ver si se disculpa;
que hay calidades de culpa
que no merecen castigo.
    No os despeñe vuestro brío;   415
mirad, aunque estéis celoso,
que ninguno es poderoso
en el ajeno albedrío.

405-6 Frase proverbial; véase Martínez Kleiser 12.761: "De la
    mujer, el consejo primero; del hombre, el postrero", pero
    también 12.762: "De la mujer, el primer consejo; el segundo
    no le quiero."
415 *despeñe*, VT; *dispone* en QC, S, Q.

Cuanto al amigo, confío
que os he respondido ya; 420
cuanto a la dama, quizá
fuerza, y no mudanza fue:
oídla vos, que yo sé
que ella se disculpará.

DON ENRIQUE

No es posible.

[*Sale don Diego.*]

DON DIEGO

Ya está allí 425
el caballo apercibido.

DON GUTIERRE

Si es del que hoy habéis caído,
no subáis en él, y aquí
recibid, señor, de mí,
una pía hermosa y bella, 430
a quien una palma sella,
signo que vuestra la hace;
que también un bruto nace
con mala o con buena estrella.
Es este prodigio, pues, 435
proporcionado y bien hecho,
dilatado de anca y pecho;
de cabeza y cuello es
corto, de brazos y pies
fuerte, a uno y otro elemento 440
les da en sí lugar y asiento,

---

430 *pía*: "yegua cuya piel es manchada de varios colores"
(*Dicc. de Autoridades*). Una de las manchas debe de pare-
cerse a una palma, signo de la victoria, y por eso, apropiado para el infante (nota de W).
431 *a quien*: en el siglo xvii se empleaba *quien* tanto con cosas
como con personas. Comp. 1082 y 1423.

siendo el bruto de la palma
tierra el cuerpo, fuego el alma,
mar la espuma, y todo viento.

DON ENRIQUE

El alma aquí no podría   445
distinguir lo que procura,
la pía de la pintura,
o por mejor bizarría,
la pintura de la pía.

COQUÍN

Aquí entro yo. A mí me dé   450
vuestra Alteza mano o pie,
lo que está (que esto es más llano),
o más a pie, o más a mano.

DON GUTIERRE

Aparta, necio.

DON ENRIQUE

               ¿Por qué?
Dejalde, su humor le abona.   455

COQUÍN

En hablando de la pía,
entra la persona mía,
que es su segunda persona.

DON ENRIQUE

Pues ¿quién sois?

COQUÍN

               ¿No lo pregona
mi estilo? Yo soy, en fin,   460
Coquín, hijo de Coquín,

___

455 *dejalde*: metátesis muy normal en el lenguaje del Siglo de
    Oro.

de aquesta casa escudero,
de la pía despensero,
pues le siso al celemín
    la mitad de la comida;   465
y en efeto, señor, hoy,
por ser vuestro día, os doy
norabuena muy cumplida.

DON ENRIQUE

¿Mi día?

COQUÍN

Es cosa sabida.

DON ENRIQUE

Su día llama uno aquel   470
que es a sus gustos fiel,
y lo fue a la pena mía:
¿cómo pudo ser mi día?

COQUÍN

Cayendo, señor, en él;
    y para que se publique   475
en cuantos lunarios hay,
desde hoy diré: 'A tantos cay
San Infante don Enrique.'

DON GUTIERRE

Tu Alteza, señor, aplique
la espuela al ijar; que el día   480

466 Véase la nota al verso 144.
467 os, VT; falta en QC, S, Q.
477 diré, Q, VT; dira en QC, S.
    cay: diptongación de cae, bastante común en el lenguaje del
    Siglo de Oro. En El príncipe constante, tray rima con hay
    (OC, I, 261a); en La cena del rey Baltasar, tray y cay ri-
    man con hay (OC, III, 165b).
480-83 Es decir, el sol se está poniendo en el océano, morada
    del dios Neptuno.

ya en la tumba helada y fría,
huésped del undoso dios,
hace noche.

DON ENRIQUE

   Guárdeos Dios,
hermosísima Mencía;
   y porque veáis que estimo   485
el consejo, buscaré
a esta dama, y della oiré
la disculpa. ([*Ap.*]Mal reprimo
el dolor, cuando me animo
a no decir lo que callo.   490
Lo que en este lance hallo,
ganar y perder se llama;
pues él me ganó la dama,
y yo le gané el caballo.)

Vase el Infante, don Arias y don Diego y Coquín.

DON GUTIERRE

   Bellísimo dueño mío,   495
ya que vive tan unida
a dos almas una vida,
dos vidas a un albedrío,
de tu amor y ingenio fío
hoy, que licencia me des   500
para ir a besar los pies
al Rey mi señor, que viene
de Castilla; y le conviene
a quien caballero es,
   irle a dar la bienvenida.   505
Y fuera desto, ir sirviendo
al Infante Enrique, entiendo
que es acción justa y debida,
ya que debí a su caída

---

499 *y ingenio*: véase la nota al verso 180.
509 *ya que debí a su caída,* VT; *y aqui deuia su caida,* QC, Q;
   y aqui deui a su caida, S.

el honor que hoy ha ganado   510
nuestra casa.

DOÑA MENCÍA
¿Qué cuidado
más te lleva a darme enojos?

DON GUTIERRE
No otra cosa, ¡por tus ojos!

DOÑA MENCÍA
¿Quién duda que haya causado
algún deseo Leonor?   515

DON GUTIERRE
¿Eso dices? No la nombres.

DOÑA MENCÍA
¡O qué tales sois los hombres!
Hoy olvido, ayer amor;
ayer gusto, y hoy rigor.

DON GUTIERRE
Ayer, como al sol no vía,   520
hermosa me parecía
la luna; mas hoy, que adoro
al sol, ni dudo ni ignoro
lo que hay de la noche al día.
    Y escúchame un argumento: 525
una llama en noche obscura
arde hermosa, luce pura,
cuyos rayos, cuyo aliento
dulce ilumina del viento
la esfera; sale el farol   530
del cielo, y a su arrebol

---

520 *vía*: forma de *veía* empleada con bastante frecuencia en el
    siglo XVII, sobre todo (como aquí) por consideraciones mé-
    tricas. Véanse también 631 y 2487.

toda a sombra se reduce;
ni arde, ni alumbra, ni luce,
que es mar de rayos el sol.
    Aplico agora: yo amaba   535
una luz, cuyo esplendor
bebió planeta mayor,
que sus rayos sepultaba:
una llama me alumbraba;
pero era una llama aquélla,   540
que eclipsas divina y bella,
siendo de luces crisol;
porque hasta que sale el sol,
parece hermosa una estrella.

DOÑA MENCÍA

    ¡Qué lisonjero os escucho!   545
muy parabólico estáis.

DON GUTIERRE

En fin, ¿licencia me dais?

532 *a sombra,* VT; *la sombra* en QC, S, Q.
535 No es necesario cambiar *aplico* en *aplícolo,* como se ha
hecho en algunas ediciones. Véase *No hay burlas con el
amor*: "...levantóse el caballero, / preguntando en voces altas: / '¿Saben ustedes a quién / este hidalgo apadrinaba? /
¿A mí, o al toro?' Y ninguno / le supo decir palabra. /
Aplica ahora: ..." (*OC*, II, 517a). Comp. también "Aplico;
llega un adbitrista de correr el Mundo, pregúntale el Minis-
tro: que hay de nuevo?" (Antonio Enríquez Gómez, *El
siglo pitagórico,* Ruán, 1644, citado por Jean Vilar en *Literatura y economía,* Madrid, 1973, p. 317).
    agora: véase la nota al verso 170.
537 *bebió*: en todas las ediciones, *vivió,* que no tiene sentido.
J sugirió, aunque no adoptó, la lectura *bebió.* Calderón
emplea una metáfora semejante en *A secreto agravio, secreta
venganza*: "es girasol de mi honor, / bebiendo sus rayos
siempre" (véase la edición de A. Valbuena Briones, Madrid,
1967, p. 44). La luz, la llama y la estrella son doña Leonor,
antigua amada de don Gutierre; doña Mencía es el planeta
mayor y el sol.
546 *parabólico*: lectura sugerida por E. M. Wilson para explicar la corrupción *paralífico* de QC.

DOÑA MENCÍA

Pienso que la deseáis mucho;
por eso cobarde lucho
conmigo.

DON GUTIERRE

¿Puede en los dos   550
haber engaño, si en vos
quedo yo, y vos vais en mí?

DOÑA MENCÍA

Pues, como os quedáis aquí,
adiós, don Gutierre.

DON GUTIERRE

Adiós.

Vase don Gutierre. [Sale Jacinta.]

JACINTA

Triste, señora, has quedado.   555

DOÑA MENCÍA

Sí, Jacinta, y con razón.

JACINTA

No sé qué nueva ocasión
te ha suspendido y turbado;
que una inquietud, un cuidado
te ha divertido.

DOÑA MENCÍA

Es así.   560

553-54 Este chiste de doña Mencía no siempre se ha interpre-
tado como tal. Doña Mencía acaba de tomar el pelo a su
marido, sugiriendo que todavía tiene cierta afición a doña
Leonor, la antigua amada, y aquí, cuando él dice que no
se va porque queda en ella, doña Mencía contesta que está
dispuesta a dejarle ir puesto que se queda. Don Gutierre no
ve la gracia, y toma en serio la broma.

JACINTA

Bien puedes fiar de mí.

DOÑA MENCÍA

¿Quieres ver si de ti fío
mi vida, y el honor mío?
Pues escucha atenta.

JACINTA
Di.

DOÑA MENCÍA

Nací en Sevilla, y en ella   565
me vio Enrique, festejó
mis desdenes, celebró
mi nombre, ¡felice estrella!
Fuese, y mi padre atropella
la libertad que hubo en mí.   570
La mano a Gutierre di,
volvió Enrique, y en rigor,
tuve amor, y tengo honor:
esto es cuanto sé de mí.

Vanse, y sale doña Leonor, y Inés, con mantos.

INÉS

Ya sale para entrar en la capilla: 575
aquí le espera, y a sus pies te humilla.

DOÑA LEONOR

Lograré mi esperanza,
si recibe mi agravio la venganza.

Sale el Rey, [un Viejo], y Soldados.

568 *felice*: forma empleada con bastante frecuencia en el Siglo
     de Oro, sobre todo por consideraciones métricas. Aquí no
     es necesario.
574+ *y Inés*: véase la nota al verso 180.
578 *si recibe mi agravio*, VT; *si repite a mi agravio* en QC,
     S, Q.

[VOZ] (*dentro*)

¡Plaza!

[SOLDADO] 1

Tu Majestad aquéste lea.

REY

Yo le haré ver.

[SOLDADO] 2

Tu Alteza, señor, vea   580

éste.

REY

Está bien.

[SOLDADO] 2 [*Ap.*]

Pocas palabras gasta.

[SOLDADO] 3

Yo soy...

REY

El memorial aqueste basta.

[SOLDADO] 3

Turbado estoy; mal el temor resisto.

REY

¿De qué os turbáis?

[SOLDADO] 3

¿No basta haberos visto?

REY

Sí basta. ¿Qué pedís?

583 *mal*, VT; falta en QC, S, Q.

[SOLDADO] 3

       Yo soy soldado;   585
una ventaja.

REY

      Poco habéis pedido,
para haberos turbado:
una jineta os doy.

[SOLDADO] 3
      Felice he sido.

VIEJO
Un pobre viejo soy; limosna os pido.

REY
Tomad este diamante.   590

VIEJO
¿Para mí os le quitáis?

REY
      Y no os espante;
que, para darle de una vez, quisiera
sólo un diamante todo el mundo fuera.

DOÑA LEONOR
Señor, a vuestras plantas
mis pies turbados llegan;   595
de parte de mi honor vengo a pediros
con voces que se anegan en suspiros,
con suspiros que en lágrimas se anegan,
justicia: para vos y Dios apelo.

588 *jineta*: "una lança corta con una borla por guarnición, junto
    al hierro dorado, insignia de los capitanes de infantería"
    (Covarrubias). Comp. "¿cuándo mereciera / ver mi azadón
    y gabán / con nombre de capitán, / con jineta y con ban-
    dera / del Rey...?" (*Peribáñez y el comendador de Ocaña*,
    ed. de A. Zamora Vicente, Madrid, 1963. p. 102).
    felice: véase la nota al verso 568.
599 *apelo*, VT; *Apolo* en QC, S, Q.

REY

Sosegaos, señora, alzad del suelo.   600

DOÑA LEONOR

Yo soy...

REY

     No prosigáis de esa manera.
Salíos todos afuera.

Vanse.

Hablad agora, porque si venisteis
de parte del honor, como dijisteis,
indigna cosa fuera   605
que en público el honor sus quejas diera,
y que a tan bella cara
vergüenza la justicia le costara.

DOÑA LEONOR

    Pedro, a quien llama el mundo Justiciero,
planeta soberano de Castilla,   610
a cuya luz se alumbra este hemisfero;
Júpiter español, cuya cuchilla
rayos esgrime de templado acero,
cuando blandida al aire alumbra y brilla;
sangriento giro, que entre nubes de oro,   615
corta los cuellos de uno y otro moro:
    yo soy Leonor, a quien Andalucía
llama (lisonja fue), Leonor la bella;
no porque fuese la hermosura mía
quien el nombre adquirió, sino la estrella;   620
que quien decía bella, ya decía

---

603 *agora:* véase la nota al verso 170.
609 *Pedro,* VT; *padre* en QC, S, Q.
614 *al aire,* VT; *entre* en QC, S, Q (¿verso contaminado por
    el siguiente?).
618 *bella,* VT; *villa* en QC, S, Q.

infelice, que el nombre incluye y sella,
a la sombra no más de la hermosura,
poca dicha, señor, poca ventura.
   Puso los ojos, para darme enojos,   625
un caballero en mí, que ¡ojalá fuera
basilisco de amor a mis despojos,
áspid de celos a mi primavera!
Luego el deseo sucedió a los ojos,
el amor al deseo, y de manera   630
mi calle festejó, que en ella vía
morir la noche, y espirar el día.
   ¿Con qué razones, gran señor, herida
la voz, diré que a tanto amor postrada,
aunque el desdén me publicó ofendida,   635
la voluntad me confesó obligada?
De obligada pasé a agradecida,
luego de agradecida a apasionada;
que en la universidad de enamorados,
dignidades de amor se dan por grados: 640
   poca centella incita mucho fuego,
poco viento movió mucha tormenta,
poca nube al principio arroja luego
mucho diluvio, poca luz alienta
mucho rayo después, poco amor ciego   645
descubre mucho engaño; y así intenta,
siendo centella, viento, nube, ensayo,
ser tormenta, diluvio, incendio y rayo.
   Diome palabra que sería mi esposo;
que éste de las mujeres es el cebo   650
con que engaña el honor el cauteloso
pescador, cuya pasta es el Erebo
que aduerme los sentidos temeroso.

622 *infelice*: véase la nota al verso 568.
626-28 Es decir, "¡ojalá que me hubiera matado al dejarme, o al
    verme por primera vez!".
631 *vía*: véase la nota al verso 520.
652 *Erebo*: una parte muy oscura de las regiones infernales, que
    tenían que atravesar las almas de los muertos para llegar al
    infierno. Quizás Calderón esté pensando en el Lete, río infer-
    nal, que infundía sueño y olvido.

El labio aquí fallece, y no me atrevo
a decir que mintió. No es maravilla.   655
¿Qué palabra se dio para cumplilla?
    Con esta libertad entró en mi casa,
si bien siempre el honor fue reservado;
porque yo, liberal de amor, y escasa
de honor, me atuve siempre a este sagrado.   660
Mas la publicidad a tanto pasa,
y tanto esta opinión se ha dilatado,
que en secreto quisiera más perdella,
que con público escándalo tenella.
    Pedí justicia, pero soy muy pobre;   665
quejéme dél, pero es muy poderoso;
y ya que es imposible que yo cobre,
pues se casó, mi honor, Pedro famoso,
si sobre tu piedad divina, sobre
tu justicia, me admites generoso,   670
que me sustente en un convento pido:
Gutierre Alfonso de Solís ha sido.

REY

Señora, vuestros enojos
siento con razón, por ser
un Atlante en quien descansa   675
todo el peso de la ley.
Si Gutierre está casado,
no podrá satisfacer,
como decís, por entero
vuestro honor; pero yo haré   680
justicia como convenga

---

656 *se*, VT; *si* en QC, S, Q.
    cumplilla: asimilación muy corriente en el Siglo de Oro;
    aquí permite la rima con *maravilla*. Comp. 663-64.
675 *Atlante*: en QC, *adlante*, grafía errónea pero que existe en
    varios manuscritos autógrafos de Calderón. (Véase, por
    ejemplo, *Yerros de naturaleza y aciertos de la fortuna*, ver-
    sos 1151 y 1968, en la edición de E. Juliá Martínez, Ma-
    drid, 1930.) Atlante era "rey de Mauritania, que los antiguos
    fingieron haber sustentado sobre sus hombros el cielo"
    (*Dicc. de Autoridades*). Comp. 2054.

en esta parte; si bien
no os debe restituir
honor, que vos os tenéis.
Oigamos a la otra parte   685
disculpas suyas; que es bien
guardar el segundo oído
para quien llega después;
y fiad, Leonor, de mí,
que vuestra causa veré   690
de suerte que no os obligue
a que digáis otra vez
que sois pobre, él poderoso,
siendo yo en Castilla Rey.
Mas Gutierre viene allí;   695
podrá, si conmigo os ve,
conocer que me informasteis
primero. Aquese cancel
os encubra, aquí aguardad,
hasta que salgáis después.   700

DOÑA LEONOR

En todo he de obedeceros.

Escóndese, y sale Coquín.

COQUÍN

De sala en sala, pardiez,
a la sombra de mi amo,
que allí se quedó, llegué
hasta aquí, ¡válgame Alá!   705
¡Vive Dios, que está aquí el Rey!
Él me ha visto, y se mesura.
¡Plegue al cielo que no esté
muy alto aqueste balcón,
por si me arroja por él!   710

709-10 Recuérdese la suerte del criado segundo en *La vida es
sueño* (*OC*, I, 515a); debió de inspirar estas defenestracio-
nes, bastante frecuentes en el teatro, la famosa Defenestra-
ción de Praga, ocurrida en 1618.

REY

¿Quién sois?

COQUÍN

¿Yo, señor?

REY

Vos.

COQUÍN

Yo
(¡válgame el cielo!) soy quien
vuestra Majestad quisiere,
sin quitar y sin poner,
porque un hombre muy discreto   715
me dio por consejo ayer,
no fuese quien en mi vida
vos no quisieseis; y fue
de manera la lición,
que antes, agora, y después,   720
quien vos quisiéredes sólo
fui, quien gustareis seré,
quien os place soy; y en esto,
mirad con quién y sin quién...
y así, con vuestra licencia,   725
por donde vine me iré
hoy, con mis pies de compás,
si no con compás de pies.

712-23 Comp. *Polifemo y Circe*, III (es decir, el acto escrito por
    Calderón), donde Polifemo pregunta a Chitón quién es, y
    Chitón responde: "Quien tú quisieres que sea; / que una
    madre muy prudente / me dijo que fuese sólo / lo que
    tú, señor, quisieses" (BAE, XVI, 424b).
720 *agora*: véase la nota al verso 170.
721 *quisiéredes*: forma anticuada de *quisiereis,* empleada aquí
    por exigencias métricas.
723 *os place*, VT; *emplace* en QC, S, Q.
727-28 Juego de palabras sobre *compás,* instrumento matemá-
    tico con dos piernas, y ritmo musical. Comp. "Si me das /

Sala de los Embajadores, Alcázar de Sevilla.
Courtauld Institute of Art.

De sala en sala, pardiez... ¡válgame Alá!
(v. 702)

"Ejecución de justicia de los cornudos pacientes."
Detalle de la *Vista de Sevilla* de Joris Hoefnagel, 1593

REY

Aunque me habéis respondido
cuanto pudiera saber,   730
quién sois os he preguntado.

COQUÍN

Y yo os hubiera también
al tenor de la pregunta
respondido, a no temer
que en diciéndoos quien soy, luego   735
por un balcón me arrojéis,
por haberme entrado aquí
tan sin qué ni para qué,
teniendo un oficio yo
que vos no habéis menester.   740

REY

¿Qué oficio tenéis?

COQUÍN

                            Yo soy
cierto correo de a pie,
portador de todas nuevas,
hurón de todo interés,
sin que se me haya escapado   745
señor, profeso o novel;
y del que me ha dado más,
digo mal, mas digo bien.
Todas las casas son mías;
y aunque lo son, esta vez   750
la de don Gutierre Alfonso

---

tal licencia yréme pues / sino con conpás de pies / con
los pies si de conpás" (*Yerros de naturaleza y aciertos de
la fortuna,* edición de E. Juliá Martínez, Madrid, 1930,
p. 135).
735 *soy,* S, VT; *sois* en QC, Q.
749 *casas,* S, VT; *cosas* en QC, Q.

es mi accesoria, en quien fue
mi pasto meridiano,
un andaluz cordobés.
Soy cofrade del contento;   755
el pesar no sé quién es,
ni aun para servirle: en fin,
soy, aquí donde me veis,
mayordomo de la risa,
gentilhombre del placer   760
y camarero del gusto,
pues que me visto con él.
Y por ser esto, he temido
el darme aquí a conocer;
porque un rey que no se ríe,   765
temo que me libre cien
esportillas batanadas,
con pespuntes al envés,
por vagamundo.

REY

En fin, ¿sois
hombre que a cargo tenéis   770
la risa?

COQUÍN

Sí, mi señor;
y porque lo echéis de ver,
esto es jugar de gracioso
en palacio.

Cúbrese.

763 *temido,* S, VT; *tenido* en QC, Q.
766-69 Es decir, "temo que me azote, que me dé cien latigazos"
    (literalmente, temo que me dé cien espuertas golpeadas en
    un batán, con puntadas al revés): la *espuerta* era una es-
    pecie de cesta que solían llevar los pícaros para ganar di-
    nero; los *pespuntes* serían nudos en un azote o látigo, y el
    envés sería el trasero de Coquín.
772 *porque,* en vez del moderno *para que.*
774+ *Cúbrese:* sólo los grandes (y los bufones) tenían derecho
    a llevar el sombrero en presencia del rey. Comp. 2672+.

REY

Está muy bien;
y pues sé quién sois, hagamos   775
los dos un concierto.

COQUÍN

¿Y es?

REY

¿Hacer reír profesáis?

COQUÍN

Es verdad.

REY

Pues cada vez
que me hiciéredes reír,
cien escudos os daré;   780
y si no me hubiereis hecho
reír en término de un mes,
os han de sacar los dientes.

COQUÍN

Testigo falso me hacéis,
y es ilícito contrato   785
de inorme lesión.

REY

¿Por qué?

779 *hiciéredes*: véase la nota al verso 721.
786 *inorme*: forma anticuada de *enorme*. *Enorme lesión* es un
    término legal que refiere al "agravio que uno experimen-
    taba por haber sido engañado en algo más o menos de la
    mitad del justo precio en las compras y ventas" (de ahí el
    "ilícito contrato"): pero Coquín emplea *lesión* en el sen-
    tido también de daño corporal.

COQUÍN

Porque quedaré lisiado
si le aceto, ¿no se ve?
Dicen, cuando uno se ríe,
que enseña los dientes; pues   790
enseñarlos yo llorando,
será reírme al revés.
Dicen que sois tan severo,
que a todos dientes hacéis;
¿qué os hice yo, que a mí solo   795
deshacérmelos queréis?
Pero vengo en el partido;
que porque ahora me dejéis
ir libre, no le rehúso,
pues por lo menos un mes   800
me hallo aquí como en la calle
de vida; y al cabo dél,
no es mucho que tome postas
en mi boca la vejez:
y así voy a examinarme   805
de cosquillas. ¡Voto a diez,
que os habéis de reír! Adiós,
y veámonos después.

Vase, y salen don Enrique, don Gutierre, don Diego,
y don Arias, y toda la compañía.

DON ENRIQUE

Déme vuestra Majestad
la mano.

788 *aceto*: véase la nota al verso 144.
794 Es decir, mostráis dientes, regañáis a todos; juego de pala-
    bras sobre *hacer*.
797 *vengo en el partido*: convengo en el concierto, acepto el
    contrato.
798 *porque*: véase la nota al verso 772.
803 *tome postas*: es decir, "camine con toda prisa, sirviéndose de
    los caballos de posta" (la falta de dientes le dará a Coquín
    el aspecto de vejez); o bien, "esté de centinela", con el mis-
    mo sentido.
806 *cosquillas*, Q, VT; *cosquilla* en QC, S.
    diez: eufemismo, en vez de *Dios* (comp. *pardiez*, 702).

REY

Vengáis con bien,   810
Enrique; ¿cómo os sentís?

DON ENRIQUE

Más, señor, el susto fue
que el golpe: estoy bueno.

DON GUTIERRE

                    A mí
vuestra Majestad me dé
la mano, si mi humildad   815
merece tan alto bien,
porque el suelo que pisáis
es soberano dosel
que ilumina de los vientos
uno y otro rosicler;   820
y vengáis con la salud
que este reino ha menester,
para que os adore España,
coronado de laurel.

REY

De vos, don Gutierre Alfonso...   825

DON GUTIERRE

¿Las espaldas me volvéis?

REY

...grandes querellas me dan.

DON GUTIERRE

Injustas deben de ser.

820 *uno y otro rosicler: rosicler* debe de significar aquí no sólo
   la luz del alba, sino también la del sol poniente.
826 ¿*Las espaldas me volvéis?*: volver la espalda era una señal
   de desagrado por parte de un rey. Véase *El burlador de Sevilla,* edición de A. Castro (6.ª edición), Madrid, 1958, versos 183-86.

REY

¿Quién es, decidme, Leonor,
una principal mujer   830
de Sevilla?

DON GUTIERRE

Una señora
bella, ilustre y noble es,
de lo mejor desta tierra.

REY

¿Qué obligación la tenéis,
a que habéis correspondido   835
necio, ingrato y descortés?

DON GUTIERRE

No os he de mentir en nada,
que el hombre, señor, de bien
no sabe mentir jamás,
y más delante del Rey.   840
Servíla, y mi intento entonces
casarme con ella fue,
si no mudara las cosas
de los tiempos el vaivén.
Visitéla, entré en su casa   845
públicamente; si bien
no le debo a su opinión
de una mano el interés.
Viéndome desobligado,
pude mudarme después;   850
y así, libre deste amor,
en Sevilla me casé
con doña Mencía de Acuña,
dama principal, con quien

847-48 Es decir, "no comprometí su reputación hasta el punto
    de sentirme obligado a casarme con ella" (doña Leonor no
    está de acuerdo).

vivo, fuera de Sevilla,   855
una casa de placer.
Leonor, mal aconsejada
(que no la aconseja bien
quien destruye su opinión),
pleitos intentó poner   860
a mi desposorio, donde
el más riguroso juez
no halló causa contra mí,
aunque ella dice que fue
diligencia del favor.   865
¡Mirad vos a qué mujer
hermosa favor faltara,
si le hubiera menester!
Con este engaño pretende,
puesto que vos lo sabéis,   870
valerse de vos; y así,
yo me pongo a vuestros pies,
donde a la justicia vuestra
dará la espada mi fe,
y mi lealtad la cabeza.   875

REY

¿Qué causa tuvisteis, pues,
para tan grande mudanza?

DON GUTIERRE

¿Novedad tan grande es
mudarse un hombre? ¿No es cosa
que cada día se ve?   880

REY

Sí; pero de extremo a extremo
pasar el que quiso bien,
no fue sin grande ocasión.

---

855 *vivo*: es decir, "vivo una casa de placer", empleo transitivo
de *vivir* (nota de W).
860 *intentó*, S, VT; *intenté* en QC, Q.
869 *este*, VT; falta en QC, S, Q.

DON GUTIERRE

Suplícoos no me apretéis;
que soy hombre que, en ausencia   885
de las mujeres, daré
la vida por no decir
cosa indigna de su ser.

REY

¿Luego vos causa tuvisteis?

DON GUTIERRE

Sí, señor; pero creed   890
que si para mi descargo
hoy hubiera menester
decirlo, cuando importara
vida y alma, amante fiel
de su honor, no lo dijera.   895

REY

Pues yo lo quiero saber.

DON GUTIERRE

Señor...

REY

Es curiosidad.

DON GUTIERRE

Mirad...

REY

No me repliquéis;
que me enojaré, por vida...

DON GUTIERRE

Señor, señor, no juréis;   900
que menos importa mucho
que yo deje aquí de ser
quien soy, que veros airado.

REY

([*Ap.*] Que dijese le apuré
el suceso en alta voz,   905
porque pueda responder
Leonor, si aquéste me engaña;
y si habla verdad, porque,
convencida con su culpa,
sepa Leonor que lo sé.)   910
Decid, pues.

DON GUTIERRE

                    A mi pesar
lo digo: una noche entré
en su casa, sentí ruido
en una cuadra, llegué,
y al mismo tiempo que ya   915
fui a entrar, pude el bulto ver
de un hombre, que se arrojó
del balcón; bajé tras él,
y sin conocerle, al fin
pudo escaparse por pies.   920

DON ARIAS [*Ap.*]

¡Válgame el cielo! ¿Qué es esto
que miro?

DON GUTIERRE

                    Y aunque escuché
satisfacciones, y nunca
di a mi agravio entera fe,
fue bastante esta aprehensión   925
a no casarme; porque
si amor y honor son pasiones
del ánimo, a mi entender,
quien hizo al amor ofensa,
se le hace al honor en él;   930

906-8 *porque*: véase la nota al verso 772.

porque el agravio del gusto
al alma toca también.

Sale doña Leonor.

DOÑA LEONOR

Vuestra Majestad perdone;
que no puedo detener
el golpe a tantas desdichas   935
que han llegado de tropel.

REY [*Ap.*]

¡Vive Dios, que me engañaba!
La prueba sucedió bien.

DOÑA LEONOR

Y oyendo contra mi honor
presunciones, fuera ley   940
injusta que yo, cobarde,
dejara de responder;
que menos perder importa
la vida, cuando me dé
este atrevimiento muerte,   945
que vida y honor perder.
Don Arias entró en mi casa...

DON ARIAS

Señora, espera, detén
la voz. Vuestra Majestad,
licencia, señor, me dé,   950
porque el honor desta dama
me toca a mí defender.
Esa noche estaba en casa
de Leonor una mujer
con quien me hubiera casado,   955
si de la parca el cruel
golpe no cortara fiera

953 *esa*, VT; *esta* en QC, S, Q.

su vida. Yo, amante fiel
de su hermosura, seguí
sus pasos, y en casa entré   960
de Leonor (atrevimiento
de enamorado) sin ser
parte a estorbarlo Leonor.
Llegó don Gutierre, pues;
temerosa, Leonor dijo   965
que me retirase a aquel
aposento; yo lo hice.
¡Mil veces mal haya, amén,
quien de una mujer se rinde
a admitir el parecer!   970
Sintióme, entró, y a la voz
de marido, me arrojé
por el balcón; y si entonces
volví el rostro a su poder
porque era marido, hoy,   975
que dice que no lo es,
vuelvo a ponerme delante.
Vuestra Majestad me dé
campo en que defienda altivo
que no he faltado a quien es   980
Leonor, pues a un caballero
se le concede la ley.

                 DON GUTIERRE
Yo saldré donde...

              [Empuñan.]

                   REY
            ¿Qué es esto?
¿Cómo las manos tenéis
en las espadas delante   985

968-70 Véase la nota a los versos 405-6.
982 *le*: el *campo* de 979; es decir, la ley da a un caballero el
    derecho de batirse en duelo con otro.

de mí? ¿No tembláis de ver
mi semblante? Donde estoy,
¿hay soberbia ni altivez?
Presos los llevad al punto;
en dos torres los tened;   990
y agradeced que no os pongo
las cabezas a los pies.

Vase.

DON ARIAS

Si perdió Leonor por mí
su opinión, por mí también
la tendrá; que esto se debe   995
al honor de una mujer.

Vase.

DON GUTIERRE [*Ap.*]

No siento en desdicha tal
ver riguroso y cruel
al Rey; sólo siento que hoy,
Mencía, no te he de ver.   1000

Vase.

DON ENRIQUE

([*Ap.*] Con ocasión de la caza,
preso Gutierre, podré
ver esta tarde a Mencía.)
Don Diego, conmigo ven;
que tengo de porfiar   1005
hasta morir, o vencer.

Vanse.

984-86 Sacar la espada ante el rey era un acto de lesa majestad
   (nota de W).

DOÑA LEONOR

¡Muerta quedo! ¡Plegue a Dios,
ingrato, aleve y cruel,
falso, engañador, fingido,
sin fe, sin Dios y sin ley,   1010
que como inocente pierdo
mi honor, venganza me dé
el cielo! ¡El mismo dolor
sientas que siento, y a ver
llegues, bañado en tu sangre,   1015
deshonras tuyas, porque
mueras con las mismas armas
que matas, amén, amén!
¡Ay de mí!, mi honor perdí;
¡ay de mí!, mi muerte hallé.   1020

Vase.

1015 *bañado,* VT; *bañada* en QC, S, Q.
1019 Así en VT; *oy de mi honor perdi* en QC, S; *y de mi honor
    perdi* en Q.

SEGUNDA JORNADA

Salen Jacinta y don Enrique como a escuras.

JACINTA

Llega con silencio.

DON ENRIQUE

Apenas
los pies en la tierra puse.

JACINTA

Éste es el jardín, y aquí,
pues de la noche te encubre
el manto, y pues don Gutierre   1025
está preso, no hay que dudes
sino que conseguirás
vitorias de amor tan dulces.

DON ENRIQUE

Si la libertad, Jacinta,
que te prometí, presumes   1030
poco premio a bien tan grande,
pide más, y no te excuses
por cortedad: vida y alma
es bien que por tuyas juzgues.

1020+ *como a escuras*: se representaban las comedias en pleno
 día en los corrales; los actores tenían que dar a entender,
 yendo a tientas, que hacía oscuro.
1028 *vitorias*: véase la nota al verso 144.

JACINTA

Aquí mi señora siempre   1035
viene, y tiene por costumbre
pasar un poco la noche.

DON ENRIQUE

Calla, calla, no pronuncies
otra razón, porque temo
que los vientos nos escuchen.   1040

JACINTA

Ya, pues, porque tanta ausencia
no me indicie, o no me culpe
deste delito, no quiero
faltar de allí.

Vase.

DON ENRIQUE

            Amor ayude
mi intento. Estas verdes hojas   1045
me escondan y disimulen;
que no seré yo el primero
que a vuestras espaldas hurte
rayos al sol: Acteón
con Diana me disculpe.   1050

Escóndese, y sale doña Mencía y criadas.

DOÑA MENCÍA

¡Silvia, Jacinta, Teodora!

JACINTA

¿Qué mandas?

1041 *porque*: véase la nota al verso 772.
1049 *Acteón,* VT; *Anteon* en QC, S, Q. Don Enrique ha elegido
    un paralelo siniestro: mientras cazaba, Acteón vio bañarse
    a la diosa Diana; ella, para vengarse, le cambió en un
    ciervo. Le despedazaron sus propios perros.

DOÑA MENCÍA

Que traigas luces;
y venid todas conmigo
a divertir pesadumbres
de la ausencia de Gutierre,   1055
donde el natural presume
vencer hermosos países
que el arte dibuja y pule.
¡Teodora!

TEODORA

Señora mía.

DOÑA MENCÍA

Divierte con voces dulces   1060
esta tristeza.

TEODORA

Holgaréme
que de letra y tono gustes.

Canta Teodora, y duérmese doña Mencía.

JACINTA

No cantes más, que parece
que ya el sueño al alma infunde
sosiego y descanso; y pues   1065
hallaron sus inquietudes
en él sagrado, nosotras
no la despertemos.

TEODORA

Huye
con silencio la ocasión.

1062+ La canción de Teodora no figura en el texto de QC, S,
      Q ni en el de VT. La letra añadida por H y VB no tiene
      ninguna autoridad.
1068 *Huye,* VT; *Oî* en QC, Q; *Oi* en S.

JACINTA [*Ap.*]

Yo lo haré, porque la busque   1070
quien la deseó. ¡O criadas,
y cuántas honras ilustres
se han perdido por vosotras!

Vanse, y sale don Enrique.

DON ENRIQUE

Sola se quedó. No duden
mis sentidos tanta dicha,   1075
y ya que a esto me dispuse,
pues la ventura me falta,
tiempo y lugar me aseguren.
¡Hermosísima Mencía!

DOÑA MENCÍA

¡Válgame Dios!

Despierta.

DON ENRIQUE

No te asustes.   1080

DOÑA MENCÍA

¿Qué es esto?

DON ENRIQUE

Un atrevimiento,
a quien es bien que disculpen
tantos años de esperanza.

DOÑA MENCÍA

¿Pues, señor, vos...

1070 *porque*: véase la nota al verso 772.
1080 *asustes*, S, VT; *ajustes* en QC, Q.
1082 *a quien*: véase la nota al verso 431.
1084 *vos*, VT; falta en QC, S, Q.

DON ENRIQUE

No te turbes.

DOÑA MENCÍA

...desta suerte...

DON ENRIQUE

No te alteres.   1085

DOÑA MENCÍA

...entrasteis...

DON ENRIQUE

No te disgustes.

DOÑA MENCÍA

...en mi casa sin temer
que así a una mujer destruye,
y que así ofende un vasallo
tan generoso y ilustre?   1090

DON ENRIQUE

Esto es tomar tu consejo.
Tú me aconsejas que escuche
disculpas de aquella dama,
y vengo a que te disculpes
conmigo de mis agravios.   1095

DOÑA MENCÍA

Es verdad, la culpa tuve;
pero si he de disculparme,
tu Alteza, señor, no dude
que es en orden a mi honor.

1087 *temer*, VT; *temor* en QC, S, Q.
1090 *y ilustre*: véase la nota al verso 180.

DON ENRIQUE

¿Que ignoro, acaso presumes,   1100
el respeto que les debo
a tu sangre y tus costumbres?
El achaque de la caza,
que en estos campos dispuse,
no fue fatigar la caza,   1105
estorbando que saluden
a la venida del día,
sino a ti, garza, que subes
tan remontada, que tocas
por las campañas azules   1110
de los palacios del sol
los dorados balaústres.

DOÑA MENCÍA

Muy bien, señor, vuestra Alteza
a las garzas atribuye
esta lucha; pues la garza   1115
de tal instinto presume,
que volando hasta los cielos,
rayo de pluma sin lumbre,
ave de fuego con alma,
con instinto alada nube,   1120
parda cometa sin fuego,

1101 Así en VT; *que se el respeto que deuo* en QC, S, Q.
1103-28 Si la *garza* es doña Mencía, el *azor real* es don Enrique.
    Esta metáfora, el cortejo como caza de garzas, es bastante
    corriente en la poesía de la época. Covarrubias cita un can-
    tarcillo, "Si tantos monteros la garça combaten, / por Dios
    que la maten", y añade: "en sentido moral, avisa a las da-
    mas se recaten de los servicios extraordinarios de los ga-
    lanes".
1121 *parda*, QC, S, Q; *pardo* en VT. En el Siglo de Oro aún
    variaba el género de algunas palabras de origen griego:
    comp. "cayó una cometa, parecían tres estrellas que corrían
    a la par" (P. Boyd-Bowman, *Léxico hispanoamericano del
    siglo XVI*, Londres, 1971, s. v. *cometa*). La metáfora del
    pájaro/cometa es bastante corriente en Calderón; comp. los
    "cometas sin luz ni fuego" (halcones) en *Luis Pérez el
    gallego* (*OC*, I, 288a).

quiere que su intento burlen
azores reales; y aun dicen
que cuando de todos huye,
conoce el que ha de matarla;   1125
y así, antes que con él luche,
el temor hace que tiemble,
se estremezca, y se espeluce.
Así yo, viendo a tu Alteza,
quedé muda, absorta estuve,   1130
conocí el riesgo, y temblé;
tuve miedo, y horror tuve:
porque mi temor no ignore,
porque mi espanto no dude,
que es quien me ha de dar la muerte.   1135

DON ENRIQUE

Ya llegué a hablarte, ya tuve
ocasión; no he de perdella.

DOÑA MENCÍA

¿Cómo esto los cielos sufren?
Daré voces.

DON ENRIQUE

                      A ti misma
te infamas.

DOÑA MENCÍA

          ¿Cómo no acuden   1140
a darme favor las fieras?

1125 *conoce el que ha de matarla*: "la [garza] que ha de morir,
    lo sabe luego que sueltan el neblí. Y así se previene antes
    que se remonte, de arrojar cuanto tiene en el buche, para
    volar más ligera y veloz" (Andrés Ferrer de Valdecebro,
    *Gobierno general, moral y político, hallado en las aves más
    generosas y nobles*, Madrid, 1683, p. 145). Comp. Lope de
    Vega: "el que ha de matarla, sabe / la garza entre mil
    halcones", en *Las bizarrías de Belisa*, ed. de A. Zamora Vi-
    cente, Madrid, 1963, pp. 129-30.
1133-34 *porque*: véase la nota al verso 772.
1137 *perdella*: véase la nota al verso 656.

DON ENRIQUE

Porque de enojarme huyen.

Dentro don Gutierre.

DON GUTIERRE

Ten ese estribo, Coquín,
y llama a esa puerta.

DOÑA MENCÍA
                    ¡Cielos!
No mintieron mis recelos;   1145
llegó de mi vida el fin.
Don Gutierre es éste, ¡ay Dios!

DON ENRIQUE

¡O qué infelice nací!

DOÑA MENCÍA

¿Qué ha de ser, señor, de mí,
si os halla conmigo a vos?   1150

DON ENRIQUE

¿Pues qué he de hacer?

DOÑA MENCÍA
                    Retiraros.

DON ENRIQUE

¿Yo me tengo de esconder?

DOÑA MENCÍA

El honor de una mujer
a más que esto ha de obligaros.
    No podéis salir (¡soy muerta!),   1155
que como allá no sabían

1148 *infelice*: véase la nota al verso 568.

mis criadas lo que hacían,
abrieron luego la puerta.
   Aun salir no podéis ya.

DON ENRIQUE

¿Qué haré en tanta confusión?   1160

DOÑA MENCÍA

Detrás de ese pabellón,
que en mi misma cuadra está,
os esconded.

DON ENRIQUE

     No he sabido,
hasta la ocasión presente,
qué es temor. ¡O qué valiente   1165
debe de ser un marido!

Escóndese.

DOÑA MENCÍA

Si, inocente la mujer,
no hay desdicha que no aguarde,
¡válgame Dios, qué cobarde
culpada debe de ser!   1170

Salen don Gutierre y Coquín.

DON GUTIERRE

Mi bien, señora, los brazos
darme una y mil veces puedes.

1165-66 Comp. *El pintor de su deshonra,* cuando don Álvaro
    dice que tiene "temor... / ...de haber visto / la verdad de
    cuán valiente / es en su casa un marido" (*OC,* I, 884a).
1166+, 1170+ Así en AM; en QC, S, Q, VT, *Escondese, y salen*
    Gutierre y Coquin, todo después de 1166.
1167-70 Comp. las palabras de Beatriz en *Mañana será otro día:*
    "Si así teme una inocente, / ¿cómo teme una culpada?"
    (*OC,* II, 768a).
1169 *cobarde,* VT; *constante,* QC, S, Q (¿verso contaminado
    por 1178?).

DOÑA MENCÍA

Con envidia destas redes,
que en tan amorosos lazos
están inventando abrazos.   1175

DON GUTIERRE

No dirás que no he venido
a verte.

DOÑA MENCÍA

  Fineza ha sido
de amante firme y constante.

DON GUTIERRE

No dejo de ser amante
yo, mi bien, por ser marido;   1180
 que por propia la hermosura
no desmerece jamás
las finezas; antes más
las alienta y asegura:
y así a su riesgo procura   1185
los medios, las ocasiones.

DOÑA MENCÍA

En obligación me pones.

DON GUTIERRE

El alcaide que conmigo
está, es mi deudo y amigo,
y quitándome prisiones   1190

1173-75 *redes*: doña Mencía está en el jardín (1023); se emplea-
ban redes en los jardines para sostener algunas plantas, que
se entrelazaban con ellas. Véase *La cisma de Ingalaterra*:
"...el jazmín que en las redes se enlazaba" (*OC*, I, 147a).
Comp. *La cena del rey Baltasar*: "¿quién de tan dulces
abrazos / podrá las redes y lazos / romper?" y "Postres se-
rán mis brazos, / fingiendo redes y inventando lazos..."
(*OC*, III, 163b, 173a).

al cuerpo, más las echó
al alma, porque me ha dado
ocasión de haber llegado
a tan grande dicha yo,
como es a verte.

DOÑA MENCÍA

¿Quién vio   1195
mayor gloria...

DON GUTIERRE

...que la mía?;
aunque, si bien advertía,
hizo muy poco por mí
en dejarme que hasta aquí
viniese; pues si vivía   1200
yo sin alma en la prisión,
por estar en ti, mi bien,
darme libertad fue bien,
para que en esta ocasión
alma y vida con razón   1205
otra vez se viese unida;
porque estaba dividida,
teniendo en prolija calma,
en una prisión el alma,
y en otra prisión la vida.   1210

DOÑA MENCÍA

Dicen que dos instrumentos
conformemente templados,

1208 *calma*: aquí, como muchas veces en el lenguaje del Siglo
de Oro, *calma* tiene el sentido de *tristeza, angustia*. Comp.
La vida es sueño: "La calma de mis sentidos / tú trocaste
en alegría" (*OC*, I, 522a). Véase también la nota de A. Cortina en su edición de *La vida es sueño*, Madrid, 1955, p. 214.
1211-17 Se refiere a este fenómeno con alguna frecuencia en la
poesía de amor como símbolo del amor correspondido.
Véase, por ejemplo, el bonito grabado del emblema XLII,
"Quid non sentit amor!" en el libro *Silenus Alcibiadis* de
Jacob Cats, Middelburg, 1618 (Henkel & Schöne, 1300).

por los ecos dilatados
comunican los acentos:
tocan el uno, y los vientos   1215
hiere el otro, sin que allí
nadie le toque; y en mí
esta experiencia se viera;
pues si el golpe allá te hiriera,
muriera yo desde aquí.   1220

COQUÍN

¿Y no le darás, señora,
tu mano por un momento
a un preso de cumplimiento;
pues llora, siente y ignora
por qué siente, y por qué llora   1225
y está su muerte esperando
sin saber por qué, ni cuándo?
Pero...

DOÑA MENCÍA

Coquín, ¿qué hay en fin?

COQUÍN

Fin al principio en Coquín
hay, que esto te estoy contando: 1230
    mucho el Rey me quiere, pero
si el rigor pasa adelante,
mi amo será muerto andante,
pues irá con escudero.

1224 *y ignora*: véase la nota al verso 180.
1230 *ay que es esto que estoy cantando* (nueve sílabas) en QC, S,
    Q; en VT, *hay, que eso estoy contando*; parece mejor la
    lectura adoptada arriba, por aproximarse más a la de QC.
    Coquín explica a doña Mencía que aunque todavía es jo-
    ven ("al principio" de su vida), "está su muerte esperando"
    (el "fin").
1231 *pero*, H; *espero* en QC, S, Q, VT. No es admisible la rima
    espero-espero (1235), y *pero* da mejor sentido.

DOÑA MENCÍA [*a don Gutierre*]

Poco regalarte espero;   1235
porque como no aguardaba
huésped, descuidada estaba.
Cena os quiero apercibir.

DON GUTIERRE

Una esclava puede ir.

DOÑA MENCÍA

¿Ya, señor, no va una esclava?   1240
   Yo lo soy, y lo he de ser.
Jacinta, venme a ayudar.
([*Ap.*]En salud me he de curar.
Ved, honor, cómo ha de ser,
porque me he de resolver   1245
a una temeraria acción.)

Vanse las dos.

DON GUTIERRE

Tú, Coquín, a esta ocasión
aquí te queda, y extremos
olvida, y mira que habemos
de volver a la prisión   1250
   antes del día; ya falta
poco; aquí puedes quedarte.

COQUÍN

Yo quisiera aconsejarte
una industria, la más alta
que el ingenio humano esmalta: 1255

1243 *salud*: ésta no es la primera referencia al tema de la salud,
     pero es la primera vez que se ha empleado metafórica-
     mente.
1249 *habemos*: forma arcaica de *hemos,* que también se em-
     pleaba con frecuencia (comp. el verso 2640). Véase la nota
     de A. Cortina en su edición de *La vida es sueño,* Madrid,
     1955, p. 222.

en ella tu vida está.
¡O qué industria...

DON GUTIERRE

Dila ya.

[COQUÍN]

...para salir sin lisión,
sano y bueno de prisión!

DON GUTIERRE

¿Cuál es?

COQUÍN

No volver allá.   1260
¿No estás bueno? ¿No estás sano?
Con no volver, claro ha sido
que sano y bueno has salido.

DON GUTIERRE

¡Vive Dios, necio, villano,
que te mate por mi mano!   1265
¿Pues tú me has de aconsejar
tan vil acción, sin mirar
la confianza que aquí
hizo el alcaide de mí?

COQUÍN

Señor, yo llego a dudar   1270
  (que soy más desconfiado)
de la condición del Rey;
y así, el honor de esa ley
no se entiende en el criado;
y hoy estoy determinado   1275
a dejarte y no volver.

DON GUTIERRE

¿Dejarme tú?

_____

1258 El nombre del interlocutor falta en QC, S, Q; lo intercala
     primero VT.

COQUÍN

¿Qué he de hacer?

DON GUTIERRE

Y de ti ¿qué han de decir?

COQUÍN

Y ¿heme de dejar morir
por sólo bien parecer?   1280
    Si el morir, señor, tuviera
descarte o enmienda alguna,
cosa que de dos la una
un hombre hacerla pudiera,
yo probara la primera   1285
por servirte; mas ¿no ves
que rifa la vida es?
Entro en ella, vengo y tomo
cartas, y piérdola: ¿cómo
me desquitaré después?   1290
    Perdida se quedará,
si la pierdo por tu engaño,
hasta, hasta ciento y un año.

Sale doña Mencía sola, muy alborotada.

DOÑA MENCÍA

Señor, tu favor me da.

DON GUTIERRE

¡Válgame Dios! ¿Qué será?   1295
¿Qué puede haber sucedido?

DOÑA MENCÍA

Un hombre...

DON GUTIERRE

¡Presto!

1287 *rifa*, VT; la palabra es indistinta en QC, S, Q, pero es más
parecida a *risa*, con *s* larga.

DOÑA MENCÍA

...escondido
en mi aposento he topado,
encubierto y rebozado.
Favor, Gutierre, te pido.   1300

DON GUTIERRE

¿Qué dices? ¡Válgame el cielo!
Ya es forzoso que me asombre.
¿Embozado en casa un hombre?

DOÑA MENCÍA

Yo le vi.

DON GUTIERRE

Todo soy hielo.
Toma esa luz.

COQUÍN

¿Yo?

DON GUTIERRE

El recelo   1305
pierde, pues conmigo vas.

DOÑA MENCÍA

Villano, ¿cobarde estás?
Saca tú la espada; yo
iré. La luz se cayó.

Al tomar la luz, la mata disimuladamente,
y salen Jacinta, y don Enrique
siguiéndola.

DON GUTIERRE

Esto me faltaba más;   1310

1305 *luz*: es decir, la luz que había traído Jacinta después del
     verso 1052.

JACINTA

pero a escuras entraré.
Síguete, señor, por mí;
seguro vas por aquí,
que toda la casa sé.

COQUÍN

¿Dónde iré yo?

DON GUTIERRE
                    Ya topé   1315
el hombre.

Coge a Coquín.

COQUÍN

Señor, advierte...

DON GUTIERRE

¡Vive Dios, que desta suerte,
hasta que sepa quién es,
le he de tener!; que después
le darán mis manos muerte.   1320

COQUÍN

Mira, que yo...

DOÑA MENCÍA [*Ap.*]
                    ¡Qué rigor!
Si es que con él ha topado,
¡ay de mí!

DON GUTIERRE

Luz han sacado.

1311 No hay ninguna acotación, pero don Gutierre debe o de
     entrarse o de dirigirse hacia la puerta después de pronun-
     ciar este verso; si se entra, vuelve a salir casi en seguida,
     al verso 1315. En VT, don Gutierre se va por una puerta
     y sale por otra.

Sale Jacinta con luz.

¿Quién eres, hombre?

COQUÍN
                    Señor,
yo soy.

DON GUTIERRE
¡Qué engaño! ¡Qué error!   1325

COQUÍN
Pues yo ¿no te lo decía?

DON GUTIERRE
Que me hablabas presumía;
pero no que eras el mismo
que tenía. ¡O ciego abismo
del alma y paciencia mía!   1330

DOÑA MENCÍA [*Ap. a ella*]
¿Salió ya, Jacinta?

JACINTA
                    Sí.

DOÑA MENCÍA
Como esto en tu ausencia pasa,
mira bien toda la casa;
que como saben que aquí
no estás, se atreven ansí   1335
ladrones.

DON GUTIERRE
                    A verla voy.
Suspiros al cielo doy,
que mis sentimientos lleven,
si es que a mi casa se atreven,
por ver que en ella no estoy.   1340

Vase.

JACINTA

Grande atrevimiento fue
determinarte, señora,
a tan grande acción agora.

DOÑA MENCÍA

En ella mi vida hallé.

JACINTA

¿Por qué lo hiciste?

DOÑA MENCÍA

             Porque   1345
si yo no se lo dijera
y Gutierre lo sintiera,
la presunción era clara,
pues no se desengañara
de que yo cómplice era;   1350
   y no fue dificultad
en ocasión tan cruel,
haciendo del ladrón fiel,
engañar con la verdad.

Sale don Gutierre, y debajo de la capa hay una daga.

DON GUTIERRE

¿Qué ilusión, qué vanidad   1355
desta suerte te burló?
Toda la casa vi yo;
pero en ella no topé

1343 *agora*: véase la nota al verso 170.
1353 *haciendo del ladrón fiel*: expresión proverbial: "Confiarse
de uno poco seguro, o esperando de él buena correspon-
dencia." Comp. Martínez Kleiser, 36.068: "¿Quieres hacer
del ladrón fiel?; fíate dél."
1354+ *capa*: don Gutierre, vestido de camino, todavía lleva la
capa con la cual ha viajado de Sevilla. La daga debe de estar
en su mano derecha, debajo de la capa. Al pronunciar los
versos 1366-75, se olvida de la daga, y cuando tiende los
brazos para abrazar a doña Mencía, ella ve la daga y cree
que su esposo quiere matarla.

sombra de que verdad fue
lo que a ti te pareció.   1360
　　([*Ap.*]Mas es engaño, ¡ay de mí!,
que esta daga que hallé, ¡cielos!,
con sospechas y recelos
previene mi muerte en sí:
mas no es esto para aquí.)   1365
Mi bien, mi esposa, Mencía;
ya la noche en sombra fría
su manto va recogiendo,
y cobardemente huyendo
de la hermosa luz del día.   1370
　　Mucho siento, claro está,
el dejarte en esta parte,
por dejarte, y por dejarte
con este temor; mas ya
es hora.

DOÑA MENCÍA

　　　Los brazos da   1375
a quien te adora.

DON GUTIERRE

　　　　El favor

estimo.

Al abrazalla, ve la daga.

DOÑA MENCÍA

　　¡Tente, señor!
¿Tú la daga para mí?
En mi vida te ofendí.

1361 *ay de mi,* S, Q, VT; *y de mi* en QC.
1369 *huyendo,* VT; *viendo* en QC, S, Q. J sugirió que Calderón
　　escribió *huyendo* sin *h* (es decir, *vyendo*), y que el cajista
　　confundió esta palabra con *viendo*. Esto parece muy proba-
　　ble, ya que Calderón escribió *vyendo* por *huyendo* en el
　　manuscrito autógrafo de *Polifemo y Circe* (B. N. M., Res.
　　83, hacia el fin de la jornada tercera).
1377+ *abrazalla*: véase la nota al verso 656.

Detén la mano al rigor,   1380
   detén...

DON GUTIERRE

   ¿De qué estás turbada,
mi bien, mi esposa, Mencía?

DOÑA MENCÍA

Al verte ansí, presumía
que ya en mi sangre bañada,
hoy moría desangrada.   1385

DON GUTIERRE

Como a ver la casa entré,
así esta daga saqué.

DOÑA MENCÍA

Toda soy una ilusión.

DON GUTIERRE

¡Jesús, qué imaginación!

DOÑA MENCÍA

En mi vida te he ofendido.   1390

DON GUTIERRE

¡Qué necia disculpa ha sido!
Pero suele una aprehensión
   tales miedos prevenir.

DOÑA MENCÍA

Mis tristezas, mis enojos,
en tu ausencia estos antojos   1395
suelen, mi dueño, fingir.

DON GUTIERRE

Si yo pudiere venir,
vendré a la noche, y adiós.

1381-92 Una "décima" con doce versos que riman abbaaccddeed;
   pero el sentido es bueno.

DOÑA MENCÍA

Él vaya, mi bien, con vos.
([*Ap.*] ¡O qué asombros! ¡O qué extremos!)   1400

DON GUTIERRE [*Ap.*]

¡Ay, honor!, mucho tenemos
que hablar a solas los dos.

Vanse cada uno por su puerta.
Salen el Rey y don Diego con rodela y capa de color; y
como representa, se muda de negro.

REY

Ten, don Diego, esa rodela.

DON DIEGO

Tarde vienes a acostarte.

REY

Toda la noche rondé   1405
de aquesta ciudad las calles;
que quiero saber ansí
sucesos y novedades
de Sevilla, que es lugar

1402+ *puerta*: como se sabe, la escena del Siglo de Oro tenía
dos "puertas" o salidas, una a cada lado. Comp. la nota
al verso 1311.
capa de color... de negro: en la época de Calderón, los
reyes se vestían de negro; *la capa de color* recuerda el comendador de Ocaña, que llevaba una capa de color cuando
salía de noche para galantear a Casilda. La palabra *rodelas*
(QC, S, Q) es un error: sólo el rey tiene una rodela (1403).
1405-6 Varios reyes tenían fama de rondar las calles de sus ciu-
dades, de noche y disfrazados: Harún Al-Raschid es uno
de los más conocidos (en *Las mil y una noches*); también
lo hizo Sancho Panza durante su gobierno, pero sin disfraz
(*Don Quijote*, II, xlix). Comp. también Lope, *El castigo sin
venganza*, I, 137-64: "que algunos emperadores / se valieron
deste engaño", y véase la nota de C. F. A. van Dam a
estos versos, en su edición de Groningen, 1928.
1408 *sucesos*, VT; *sujetos* en QC, S, Q.

donde cada noche salen   1410
cuentos nuevos; y deseo
desta manera informarme
de todo, para saber
lo que convenga.

DON DIEGO

Bien haces,
que el Rey debe ser un Argos   1415
en su reino, vigilante:
el emblema de aquel cetro
con dos ojos lo declare.
Mas ¿qué vio tu Majestad?

REY

Vi recatados galanes,   1420
damas desveladas vi,
músicas, fiestas y bailes,
muchos garitos, de quien
eran siempre voces grandes
la tablilla que decía: 1425
'Aquí hay juego, caminante'.
Vi valientes infinitos;
y no hay cosa que me canse
tanto como ver valientes,

1415 *Argos*: monstruo mitológico con cien ojos, empleado por
  Juno para custodiar a Io, amada de Júpiter. Le adormeció
  y mató Mercurio.
1417-18 *cetro con dos ojos*: no se ha podido identificar este
  emblema. J halló el emblema de un cetro con tres ojos en
  la *Idea de un príncipe político cristiano* de Diego de Saavedra Fajardo (München, 1640, p. 439). Barthélemy Aneau
  muestra un cetro con un ojo en su libro de emblemas, *Picta
  poesis*, Lyón, 1552, p. 81 (Henkel & Schöne, 1266). Se
  refiere al cetro de Osiris, rey y dios de Egipto, bajo el mote
  "Princeps justitiae advigilans". Es probable que Calderón
  se acuerde de este emblema. Más tarde, en 1678, Andrés
  Ferrer de Valdecebro publicó un libro titulado *El cetro
  con ojos*.
1423 *de quien*: véanse las notas a los versos 46 y 431.

y que por oficio pase   1430
ser uno valiente aquí.
Mas porque no se me alaben
que no doy examen yo
a oficio tan importante,
a una tropa de valientes   1435
probé solo en una calle.

DON DIEGO

Mal hizo tu Majestad.

REY

Antes bien, pues con su sangre
llevaron iluminada...

DON DIEGO

¿Qué?

REY

La carta del examen.   1440

Sale Coquín.

COQUÍN [*Ap.*]

No quise entrar en la torre
con mi amo, por quedarme
a saber lo que se dice
de su prisión. Pero, ¡tate!

1439 *iluminada,* VT; *iluminadas* en QC, S, Q.
1440 *¿Qué?,* VT; *El que* en QC, S, Q.
   la carta del examen: testimonio de capacidad concedido
   para ejercer un empleo. Para puestos importantes era necesario un examen de limpieza de sangre que probara que
   no figuraban moros o judíos entre los antepasados. La referencia a la sangre vertida por los valientes hace pensar
   en el examen de limpieza.
1444-48 *¡tate!* es lo mismo que *¡cuidado!*; Coquín finge que Pero
   (= Pedro) Tate es el nombre de una persona.

(que es un pero muy honrado   1445
del celebrado linaje
de los tates de Castilla),
porque el Rey está delante.

REY

Coquín.

COQUÍN

Señor.

REY

¿Cómo va?

COQUÍN

Responderé a lo estudiante.   1450

REY

¿Cómo?

COQUÍN

De corpore bene,
pero *de pecunis male.*

REY

Decid algo, pues sabéis,
Coquín, que como me agrade,
tenéis aquí cien escudos.   1455

COQUÍN

Fuera hacer tú aquesta tarde
el papel de una comedia
que se llamaba *El rey ángel.*

1451-52 *de corpore bene...:* de cuerpo, bien; de dineros, mal.
1458 *El rey ángel:* en la *Verdadera quinta parte de comedias de
     Calderón* (1682), Vera Tassis da una lista de comedias suel-
     tas falsamente atribuidas a Calderón: la lista contiene este
     título. La Biblioteca Nacional posee un ejemplar de esta
     suelta, o de una suelta parecida (T-15038⁹). Se refiere a una

Pero con todo eso traigo
hoy un cuento que contarte,   1460
que remata en epigrama.

                    REY

Si es vuestra, será elegante.
Vaya el cuento.

                  COQUÍN

              Yo vi ayer
de la cama levantarse
un capón con bigotera.   1465
¿No te ríes de pensarle
curándose sobre sano
con tan vagamundo parche?
A esto un epigrama hice:
(No te pido, Pedro el grande,   1470
casas ni viñas; que sólo
risa pido en este guante:
dad vuestra bendita risa
a un gracioso vergonzante.)

---

de las dos comedias de Juan de Mojica: *El demonio en la
mujer, y el rey ángel de Sicilia,* y *El rey ángel de Sicilia, y
príncipe demonio y diablo de Palermo,* publicadas ambas
en la *Parte cuarenta y tres comedias de diferentes autores,* Zaragoza, 1650.

1462 *vuestra*: variaba el género de algunas palabras de origen
griego en el Siglo de Oro (por ejemplo, *La cisma de Ingalaterra, la cometa*). Comp. *un epigrama,* 1469.

1465 *bigotera*: "cierta funda... que se usaba en tiempo de los
bigotes para meterlos en ella, cuando estaban en casa, o
en la cama, para que no se descompusiesen" (*Dicc. de
Autoridades*). Véase la nota de A. Zamora Vicente en su
edición de *Las bizarrías de Belisa,* Madrid, 1963, pp. 167-68.
Los capones no tienen bigotes.

1467 *curándose sobre sano*: es decir, "curándose en salud"; como
ocurre muchas veces en las comedias de Calderón, los
chistes del gracioso ilustran el tema principal; Coquín se
refiere a la "cura" ineficaz e imprudente de doña Mencía
("en salud me he de curar", 1243), y anticipa la "cura"
sangrienta de don Gutierre, que es a la vez inútil (doña
Mencía es inocente) e ineficaz (se ve obligado a casarse con
otra mujer de quien tiene sospechas).

'Floro, casa muy desierta   1475
la tuya debe de ser,
porque eso nos da a entender
la cédula de la puerta:
donde no hay carta, ¿hay cubierta?,
¿cáscara sin fruta? No,   1480
no pierdas tiempo; que yo,
esperando los provechos,
he visto labrar barbechos,
mas barbideshechos no'.

REY

¡Qué frialdad!

COQUÍN

Pues adiós, dientes.   1485

Sale el Infante.

DON ENRIQUE

Dadme vuestra mano.

REY

            Infante,
¿cómo estáis?

DON ENRIQUE

            Tengo salud,
contento de que se halle
vuestra Majestad con ella;
y esto, señor, a una parte: 1490
don Arias...

REY

            Don Arias es
vuestra privanza: sacalde

1484 Juego de palabras sobre *barbihecho* y *deshecho*. Nótese que
    labrar (1483) "se toma muchas veces lo mismo que capar"
    (*Dicc. de Autoridades*).
1492 *sacalde*: véase la nota al verso 455.

de la prisión, y haced vos,
Enrique, esas amistades,
y agradézcanos la vida.   1495

DON ENRIQUE

La tuya los cielos guarden;
y heredero de ti mismo,
apuestes eternidades
con el tiempo.

                   Vase el Rey.
                Iréis, don Diego,
a la torre, y al alcaide   1500
le diréis que traiga aquí
los dos presos.

            [Vase don Diego.]
           ([*Ap.*]Cielos, dadme
paciencia en tales desdichas,
y prudencia en tales males.)
Coquín, ¿tú estabas aquí?   1505

COQUÍN

Y más me valiera en Flandes.

DON ENRIQUE

¿Cómo?

COQUÍN

       El Rey es un prodigio
de todos los animales.

DON ENRIQUE

¿Por qué?

COQUÍN

          La naturaleza
permite que el toro brame,   1510

1500 *alcaide,* S, VT; *alcalde* en QC, Q.

ruja el león, muja el buey,
el asno rebuzne, el ave
cante, el caballo relinche,
ladre el perro, el gato maye,
aulle el lobo, el lechón gruña,   1515
y sólo permitió dalle
risa al hombre, y Aristóteles
risible animal le hace,
por difinición perfeta;
y el Rey, contra el orden y arte,   1520
no quiere reírse. Déme
el cielo, para sacarle
risa, todas las tenazas
del buen gusto y del donaire.

Vase, y sale don Gutierre, y don Arias y don Diego.

DON DIEGO

Ya, señor, están aquí   1525
los presos.

DON GUTIERRE

Danos tus plantas.

DON ARIAS

Hoy al cielo nos levantas.

DON ENRIQUE

El Rey mi señor de mí
(porque humilde le pedí

1511 *ruja,* S, VT; *ruga* en QC, Q.
1516 *dalle:* véase la nota al verso 656.
1517-19 Coquín se refiere a Aristóteles, *De partibus animalium,*
    673a, 7-9: "El hecho de que sólo el hombre es cosquilloso se
    debe a la finura de su piel y al hecho de que *es la única
    criatura que ríe.*"
1518 *risible,* H; *passible* en QC, S, Q, VT.
1519 *perfeta:* véase la nota al verso 144.
1521-24 Nótese la metáfora odontológica empleada por Coquín,
    que sin duda piensa en sus dientes (nota de W).

vuestras vidas este día)   1530
estas amistades fía.

DON GUTIERRE

El honrar es dado a vos.

Coteja la daga [que se halló] con la espada [del Infante].

([*Ap.*]¿Qué es esto que miro? ¡Ay Dios!)

DON ENRIQUE

Las manos os dad.

DON ARIAS

                    La mía

es ésta.

DON GUTIERRE

            Y éstos mis brazos,   1535
cuyo nudo y lazo fuerte
no desatará la muerte,
sin que los haga pedazos.

DON ARIAS

Confirmen estos abrazos
firme amistad desde aquí.   1540

DON ENRIQUE

Esto queda bien así.
Entrambos sois caballeros
en acudir los primeros
a su obligación; y así
    está bien el ser amigo   1545
uno y otro; y quien pensare
que no queda bien, repare
en que ha de reñir conmigo.

DON GUTIERRE

A cumplir, señor, me obligo
las amistades que juro: 1550
obedeceros procuro,

y pienso que me honraréis
tanto, que de mí creeréis
lo que de mí estáis seguro.
   Sois fuerte enemigo vos,   1555
y cuando lealtad no fuera,
por temor no me atreviera
a romperlas, ¡vive Dios!
Vos y yo para otros dos
me estuviera a mí muy bien;   1560
mostrara entonces también
que sé cumplir lo que digo;
mas con vos por enemigo,
¿quién ha de atreverse?, ¿quién?
   Tanto enojaros temiera   1565
el alma cuerda y prudente,
que a miraros solamente
tal vez aun no me atreviera;
y si en ocasión me viera
de probar vuestros aceros,   1570
cuando yo sin conoceros
a tal extremo llegara,
que se muriera estimara
la luz del sol por no veros.

DON ENRIQUE

   ([*Ap.*] De sus quejas y suspiros   1575
grandes sospechas prevengo.)
Venid conmigo, que tengo
muchas cosas que deciros,
don Arias.

DON ARIAS

Iré a serviros.

[*Vanse don Enrique, don Diego y don Arias.*]

1565 *tanto,* S, VT; *tantos* en QC, Q.

DON GUTIERRE

Nada Enrique respondió;   1580
sin duda se convenció
de mi razón. ¡Ay de mí!
¿Podré ya quejarme? Sí;
pero, consolarme, no.
Ya estoy solo, ya bien puedo   1585
hablar. ¡Ay Dios!, quién supiera
reducir sólo a un discurso,
medir con sola una idea
tantos géneros de agravios,
tantos linajes de penas   1590
como cobardes me asaltan,
como atrevidos me cercan.
Agora, agora, valor,
salga repetido en quejas,
salga en lágrimas envuelto   1595
el corazón a las puertas
del alma, que son los ojos;
y en ocasión como ésta,
bien podéis, ojos, llorar:
no lo dejéis de vergüenza.   1600
Agora, valor, agora
es tiempo de que se vea
que sabéis medir iguales
el valor y la paciencia.
Pero cese el sentimiento,   1605
y a fuerza de honor, y a fuerza
de valor, aun no me dé
para quejarme licencia;
porque adula sus penas
el que pide a la voz justicia dellas.   1610

1593 *Agora, agora*: véase la nota al verso 170.
1601 *Agora... agora*: véase la nota al verso 170.
1609-10 Hay que considerar estos versos como un estribillo; véase T. Navarro Tomás, *Métrica española*, 3.ª edición, Madrid,
1972, p. 239: "Los estribillos más usados consistían en un
pareado de heptasílabo y endecasílabo o de dos endecasí-
labos." Véanse también 1657-58 y 1711-12.

Pero vengamos al caso;
quizá hallaremos respuesta.
¡O ruego a Dios que la haya!
¡O plegue a Dios que la tenga!
Anoche llegué a mi casa,   1615
es verdad; pero las puertas
me abrieron luego, y mi esposa
estaba segura y quieta.
En cuanto a que me avisaron
de que estaba un hombre en ella,   1620
tengo disculpa en que fue
la que me avisó ella mesma.
En cuanto a que se mató
la luz, ¿qué testigo prueba
aquí que no pudo ser   1625
un caso de contingencia?
En cuanto a que hallé esta daga,
hay criados de quien pueda
ser. En cuanto, ¡ay dolor mío!,
que con la espada convenga   1630
del Infante, puede ser
otra espada como ella;
que no es labor tan extraña
que no hay mil que la parezcan.
Y apurando más el caso,   1635
confieso, ¡ay de mí!, que sea
del Infante, y más confieso
que estaba allí, aunque no fuera
posible dejar de verle;
mas siéndolo, ¿no pudiera   1640
no estar culpada Mencía?;
que el oro es llave maestra

1622 *mesma*, S, Q, VT; *misma* en QC.
1626 *un caso*, VT; *vn acaso* en QC, S, Q.
1642-44 Juego de palabras sobre *guarda*, "centinela" y "parte de
       una cerradura o de una llave". *Falsear las guardas*: "con-
       trahacer las guardas de una llave para abrir lo que está
       cerrado con ella" (*Dicc. de la RAE*). Es decir, las criadas se
       dejan sobornar.

que las guardas de criadas
por instantes nos falsea.
¡O, cuánto me estimo haber   1645
hallado esta sutileza!
Y así acortemos discursos,
pues todos juntos se cierran
en que Mencía es quien es,
y soy quien soy; no hay quien pueda   1650
borrar de tanto esplendor
la hermosura y la pureza.
Pero sí puede, mal digo;
que al sol una nube negra,
si no le mancha, le turba,   1655
si no le eclipsa, le hiela.
¿Qué injusta ley condena
que muera el inocente, que padezca?
Á peligro estáis, honor,
no hay hora en vos que no sea   1660
crítica; en vuestro sepulcro
vivís: puesto que os alienta
la mujer, en ella estáis
pisando siempre la güesa.
Y os he de curar, honor,   1665
y pues al principio muestra
este primero accidente
tan grave peligro, sea
la primera medicina
cerrar al daño las puertas,   1670
atajar al mal los pasos:

1644 *falsea*, H; *falsean* en QC, S, Q, VT.
1653-56 Comp. *A secreto agravio, secreta venganza*: "Pero sí
    puede (¡ay de mí!); / que al sol claro y limpio, siempre /
    si una nube no le eclipsa, / por lo menos se le atreve; / si
    no le mancha, le turba, / y al fin, al fin le oscurece" (*OC*,
    I, 437a).
1659 Aquí comienza la larga serie de metáforas médicas emplea-
    das por don Gutierre.
1664 *güesa*: forma anticuada de *huesa*.

y así os receta y ordena
el médico de su honra
primeramente la dieta
del silencio, que es guardar   1675
la boca, tener paciencia;
luego dice que apliquéis
a vuestra mujer finezas,
agrados, gustos, amores,
lisonjas, que son las fuerzas   1680
defensibles, porque el mal
con el despego no crezca;
que sentimientos, disgustos,
celos, agravios, sospechas
con la mujer, y más propia,   1685
aun más que sanan enferman.
Esta noche iré a mi casa
de secreto, entraré en ella,
por ver qué malicia tiene
el mal; y hasta apurar ésta,   1690
disimularé, si puedo,
esta desdicha, esta pena,
este rigor, este agravio,
este dolor, esta ofensa,
este asombro, este delirio,   1695
este cuidado, esta afrenta,
estos celos... ¿Celos dije?
¡Qué mal hice! Vuelva, vuelva
al pecho la voz; mas no,
que si es ponzoña que engendra   1700
mi pecho, si no me dio
la muerte, ¡ay de mí!, al verterla,
al volverla a mí podrá;
que de la víbora cuentan

1675-76 "Guardar la boca el enfermo, no hazer excesso en el co-
      mer, ni exceder de lo que manda el Médico. Guarda la boca,
      y escusarás la sangría" (Covarrubias).
1676 *tener*, H; *tened* en QC, S, Q, VT.
1704-6 Calderón se refiere varias veces a este fenómeno, pero su
      fuente me es desconocida; véase por ejemplo *El valle de la*

que la mata su ponzoña   1705
si fuera de sí la encuentra.
¿Celos dije? Celos dije;
pues basta; que cuando llega
un marido a saber que hay
celos, faltará la ciencia;   1710
y es la cura postrera
que el médico de honor hacer intenta.

Vase, y sale don Arias y doña Leonor.

DON ARIAS

No penséis, bella Leonor,
que el no haberos visto fue
porque negar intenté   1715
las deudas que a vuestro honor
    tengo; y acreedor a quien
tanta deuda se previene,
el deudor buscando viene,
no a pagar, porque no es bien   1720
    que necio y loco presuma
que pueda jamás llegar
a satisfacer y dar
cantidad que fue tan suma;
    pero en fin, ya que no pago,   1725
que soy el deudor confieso;
no os vuelvo el rostro, y con eso
la obligación satisfago.

DOÑA LEONOR

Señor don Arias, yo he sido
la que obligada de vos,   1730
en las cuentas de los dos,
más interés ha tenido.

Zarzuela: "víbora soy, pues me mata / a mí mi ponzoña
mesma." (*OC*, III, 710a).
1716-18 *deudas... deuda*, VT; *dudas... duda* en QC, S, Q.

Confieso que me quitasteis
un esposo a quien quería;
mas quizá la suerte mía   1735
por ventura mejorasteis;
    pues es mejor que sin vida,
sin opinión, sin honor
viva, que no sin amor,
de un marido aborrecida.   1740
    Yo tuve la culpa, yo
la pena siento, y así
sólo me quejo de mí
y de mi estrella.

DON ARIAS

                    Eso no;
quitarme, Leonor hermosa,   1745
la culpa, es querer negar
a mis deseos lugar;
    pues si mi pena amorosa
    os significo, ella diga
en cifra sucinta y breve   1750
que es vuestro amor quien me mueve,
mi deseo quien me obliga
    a deciros que pues fui
causa de penas tan tristes,
si esposo por mí perdistes,   1755
tengáis esposo por mí.

DOÑA LEONOR

Señor don Arias, estimo,
como es razón, la elección;
y aunque con tanta razón
dentro del alma la imprimo,   1760
    licencia me habéis de dar
de responderos también

1755 *perdistes*, VT; *perdisteis* en QC, S, Q. La forma etimoló-
        gica *-istes* era bastante corriente en el siglo XVII. Comp. el
        verso 1837.
1760 *imprimo*, VT; *imprima* en QC, S, Q.

que no puede estarme bien;
no, señor, porque a ganar
   no llegaba yo infinito,   1765
sino porque, si vos fuisteis
quien a Gutierre le disteis
de un mal formado delito
   la ocasión, y agora viera
que me casaba con vos,   1770
fácilmente entre los dos
de aquella sospecha hiciera
   evidencia; y disculpado,
con demostración tan clara,
con todo el mundo quedara   1775
de haberme a mí despreciado:
   y yo estimo de manera
el quejarme con razón,
que no he de darle ocasión
a la disculpa primera;   1780
   porque si en un lance tal
le culpan cuantos le ven,
no han de pensar que hizo bien
quien yo pienso que hizo mal.

DON ARIAS

   Frívola respuesta ha sido   1785
la vuestra, bella Leonor;
pues cuando de antiguo amor
os hubiera convencido
   la experiencia, ella también
disculpa en la enmienda os da.   1790
¿Cuánto peor os estará
que tenga por cierto quien
   imaginó vuestro agravio,
y no le constó después
la satisfacción?

1769 *agora*: véase la nota al verso 170.

DOÑA LEONOR

No es   1795
amante prudente y sabio,
    don Arias, quien aconseja
lo que en mi daño se ve;
pues si agravio entonces fue,
no por eso agora deja   1800
    de ser agravio también,
y peor cuanto haber sido
de imaginado a creído;
    y a vos no os estará bien
    tampoco.

DON ARIAS

Como yo sé   1805
la inocencia de ese pecho
en la ocasión, satisfecho
siempre de vos estaré.
    En mi vida he conocido
galán necio, escrupuloso,   1810
y con extremo celoso,
que en llegando a ser marido
    no le castiguen los cielos.
Gutierre pudiera bien
decirlo, Leonor; pues quien   1815
levantó tantos desvelos
    de un hombre en la ajena casa,
extremos pudiera hacer
mayores, pues llega a ver
lo que en la propia le pasa.   1820

DOÑA LEONOR

Señor don Arias, no quiero
escuchar lo que decís;
que os engañáis, o mentís.
Don Gutierre es caballero

1798 *se ve,* VT; *sabe* en QC, S, Q.
1800 *agora*: véase la nota al verso 170.

que en todas las ocasiones,   1825
con obrar, y con decir,
sabrá, vive Dios, cumplir
muy bien sus obligaciones;
  y es hombre cuya cuchilla,
o cuyo consejo sabio,   1830
sabrá no sufrir su agravio
ni a un Infante de Castilla.
  Si pensáis vos que con eso
mis enojos aduláis,
muy mal, don Arias, pensáis;   1835
y si la verdad confieso,
  mucho perdisteis conmigo;
pues si fuerais noble vos,
no hablárades, vive Dios,
así de vuestro enemigo.   1840
  Y yo, aunque ofendida estoy,
y aunque la muerte le diera
con mis manos, si pudiera,
no le murmurara hoy
  en el honor, desleal;   1845
sabed, don Arias, que quien
una vez le quiso bien,
no se vengará en su mal.

Vase.

DON ARIAS

No supe qué responder.
Muy grande ha sido mi error,   1850
pues en escuelas de honor
arguyendo una mujer

1826 *obrar,* S; *obra* en QC, Q; *obras* en VT.
1833 *eso,* VT; *esto* en QC, S, Q.
1839 *hablárades*: véase la nota al verso 721.
1844 *murmurara,* VT; *murmura* en QC, S, Q.
1845 *desleal,* VT; *y leal* en QC, S, Q.
1847 *quiso,* S, VT; *quitò* en QC, Q.

me convence. Iré al Infante,
y humilde le rogaré
que destos cuidados dé   1855
parte ya de aquí adelante
    a otro; y porque no lo yerre,
ya que el día va a morir,
me ha de matar, o no he de ir
en casa de don Gutierre.   1860

Vase.

Sale don Gutierre, como [quien salta] unas tapias.

DON GUTIERRE

En el mudo silencio
de la noche, que adoro y reverencio
por sombra aborrecida,
como sepulcro de la humana vida,
de secreto he venido   1865
hasta mi casa, sin haber querido
avisar a Mencía
de que ya libertad del Rey tenía,
para que descuidada
estuviese, ¡ay de mí!, desta jornada.   1870
Médico de mi honra
me llamo, pues procuro mi deshonra
curar; y así he venido
a visitar mi enfermo, a hora que ha sido
de ayer la misma, ¡cielos!,   1875
a ver si el accidente de mis celos
a su tiempo repite.
El dolor mis intentos facilite.
Las tapias de la huerta
salté, porque no quise por la puerta   1880

1857 *porque no lo yerre*: "para que no deje de hacerlo" (nota
    de J). Véase también la nota al verso 772.
1860+ *como quien salta*, DC; *como que assalta* en QC, S, Q; es
    decir, el actor tendría que fingir un salto (véanse los ver-
    sos 1879-80).

entrar. ¡Ay Dios, qué introducido engaño
es en el mundo no querer su daño
examinar un hombre,
sin que el recelo ni el temor le asombre!
Dice mal quien lo dice;   1885
que no es posible, no, que un infelice
no llore sus desvelos:
mintió quien dijo que calló con celos,
o confiéseme aquí que no los siente.
Mas ¡sentir y callar!: otra vez miente.   1890
Este es el sitio donde
suele de noche estar; aun no responde
el eco entre estos ramos.
Vamos pasito, honor, que ya llegamos;
que en estas ocasiones   1895
tienen los celos pasos de ladrones.

Descubre una cortina donde está durmiendo
[doña Mencía].

¡Ay, hermosa Mencía,
qué mal tratas mi amor, y la fe mía!
Volverme otra vez quiero.
Bueno he hallado mi honor, hacer no quiero   1900
por agora otra cura,
pues la salud en él está segura.
Pero ¿ni una criada
la acompaña? ¿Si acaso retirada
aguarda...? ¡O pensamiento   1905
injusto! ¡O vil temor! ¡O infame aliento!
Ya con esta sospecha
no he de volverme; y pues que no aprovecha
tan grave desengaño,
apuremos de todo en todo el daño.   1910

1881-84 Don Gutierre indica el desdén que siente para con los
   maridos que, insensibles al recelo y al temor, no quieren
   investigar sus sospechas.
1886 *infelice*: véase la nota al verso 568.
1897 *Ay*, VT; *Oy* en QC, S, Q.
1901 *agora*: véase la nota al verso 170.

Mato la luz, y llego
sin luz y sin razón, dos veces ciego;
pues bien encubrir puedo
el metal de la voz, hablando quedo.
¡Mencía!

Despiértala.

DOÑA MENCÍA

¡Ay Dios! ¿Qué es esto?

DON GUTIERRE

No des voces.   1915

DOÑA MENCÍA

¿Quién es?

DON GUTIERRE

Yo soy, mi bien. ¿No me conoces?

DOÑA MENCÍA

Sí, señor; que no fuera
otro tan atrevido…

DON GUTIERRE   [*Ap.*]

Ella me ha conocido.

DOÑA MENCÍA

…que así hasta aquí viniera.   1920
¿Quién hasta aquí llegara
que no fuérades vos, que no dejara

1911-12 Comp. "a la poca luz que dieron / las estrellas en la
calle, / entrar solo un hombre veo / que sin luz y sin razón / andaba dos veces ciego" (*Mañanas de abril y mayo,
OC,* II, 569b).

1916-31 Doña Mencía cree, en la oscuridad, que ha vuelto a
verla don Enrique, aunque no lo sepamos hasta que pro-
nuncie las palabras "tu Alteza" en 1931. Nótese cómo Calderón crea la tensión, nos tranquiliza poco a poco y luego
nos sorprende súbitamente.

1922 *fuérades:* véase la nota al verso 721.

en mis manos la vida,
con valor y con honra defendida?

DON GUTIERRE

([*Ap.*] ¡Qué dulce desengaño!   1925
¡Bien haya, amor, el que apuró su daño!)
Mencía, no te espantes de haber visto
tal extremo.

DOÑA MENCÍA

¡Qué mal, temor, resisto
el sentimiento!

DON GUTIERRE

Mucha razón tiene
tu valor.

DOÑA MENCÍA

¿Qué disculpa me previene...   1930

DON GUTIERRE

Ninguna.

DOÑA MENCÍA

...de venir así tu Alteza?

DON GUTIERRE [*Ap.*]

¡Tu Alteza! No es conmigo, ¡ay Dios! ¿Qué escucho?
Con nuevas dudas lucho.
¡Qué pesar! ¡Qué desdicha! ¡Qué tristeza!

DOÑA MENCÍA

¿Segunda vez pretende ver mi muerte?   1935
¿Piensa que cada día...

1926 *¡Bien haya, amor, ...!*: así en QC, S, Q. En VT, *bien aya,
   amen,* que quizá da mejor sentido. Comp. el verso 968.

DON GUTIERRE   [*Ap.*]
¡O trance fuerte!

DOÑA MENCÍA
...puede esconderse...

DON GUTIERRE   [*Ap.*]
¡Cielos!

DOÑA MENCÍA
...y matando la luz...

DON GUTIERRE   [*Ap.*]
¡Matadme, celos!

DOÑA MENCÍA
...salir a riesgo mío
delante de Gutierre?

DON GUTIERRE   [*Ap.*]
          Desconfío   1940
de mí, pues que dilato
morir, y con mi aliento no la mato.
El venir no ha extrañado
el Infante, ni dél se ha recatado,
sino sólo ha sentido   1945
que en ocasión se ponga, ¡estoy perdido!,
de que otra vez se esconda.
¡Mi venganza a mi agravio corresponda!

DOÑA MENCÍA
Señor, vuélvase luego.

DON GUTIERRE   [*Ap.*]
¡Ay, Dios! Todo soy rabia, y todo fuego.   1950

DOÑA MENCÍA
Tu Alteza así otra vez no llegue a verse.

1938 *celos,* VT; *cielos* en QC, S, Q.

DON GUTIERRE

¿Que por eso no más ha de volverse?

DOÑA MENCÍA

Mirad que es hora que Gutierre venga.

DON GUTIERRE

([*Ap.*] ¿Habrá en el mundo quien paciencia tenga?
Sí, si prudente alcanza   1955
oportuna ocasión a su venganza.)
No vendrá; yo le dejo entretenido;
y guárdame un amigo
las espaldas el tiempo que conmigo
estáis: él no vendrá, yo estoy seguro.   1960

Sale Jacinta.

JACINTA [*Ap.*]

Temerosa procuro
ver quién hablaba aquí.

DOÑA MENCÍA

Gente he sentido.

DON GUTIERRE

¿Qué haré?

DOÑA MENCÍA

¿Qué? Retirarte,
no a mi aposento, sino a otra parte.

1956 *su*, VT; *tu* en QC, S, Q.
1957 *le dejo entretenido*: en todas las ediciones, *le dejo / entretenido*, con la palabra *entretenido* en el verso 1958, y los
versos 1957 y 1962 sueltos. Hay que admitir que la combinación de rimas AbBCcA es muy rara en las silvas de
Calderón; sin embargo, hay una combinación muy parecida
en *El mayor encanto amor* (comedia estrenada en 1635, e
impresa, como *El médico de su honra,* en la *Segunda parte*):
AbBaCcA (*OC*, I, 1530b).
1962 *hablaba*, VT; *habla* en QC, S, Q.

Vase don Gutierre detrás del paño.
¡Hola!

JACINTA

¿Señora?

DOÑA MENCÍA

El aire que corría   1965
entre estos ramos mientras yo dormía,
la luz ha muerto; luego
traed luces.

Vase Jacinta.

DON GUTIERRE

([*Ap.*] Encendidas en mi fuego.
Si aquí estoy escondido,
han de verme, y de todas conocido,   1970
podrá saber Mencía
que he llegado a entender la pena mía;
y porque no lo entienda,
y dos veces me ofenda,
una con tal intento,   1975
y otra pensando que lo sé y consiento,
dilatando su muerte,
he de hacer la deshecha desta suerte.)

Dice dentro.
¡Hola! ¿Cómo está aquí desta manera?

DOÑA MENCÍA

Éste es Gutierre: otra desdicha espera   1980
mi espíritu cobarde.

1964+ *detrás del paño*: es decir, detrás del telón que dividía la
    escena exterior de la interior.
1973 *porque*: véase la nota al verso 772.
1976 *sé y*, VT; *soy* en QC, S, Q.

DON GUTIERRE
¿No han encendido luces, y es tan tarde?

*Sale Jacinta con luz, y don Gutierre por otra puerta de
donde se escondió.*

JACINTA
Ya la luz está aquí.

DON GUTIERRE
                ¡Bella Mencía!

DOÑA MENCÍA
¡O mi esposo! ¡O mi bien! ¡O gloria mía!

DON GUTIERRE [*Ap.*]
¡Qué fingidos extremos!   1985
Mas, alma y corazón, disimulemos.

DOÑA MENCÍA
Señor, ¿por dónde entrasteis?

DON GUTIERRE
                        Desa huerta,
con la llave que tengo, abrí la puerta.
Mi esposa, mi señora,
¿en qué te entretenías?

DOÑA MENCÍA
                Vine agora   1990
a este jardín, y entre estas fuentes puras,
dejóme el aire a escuras.

DON GUTIERRE
No me espanto, bien mío;
que el aire que mató la luz, tan frío
corre, que es un aliento   1995
respirado del céfiro violento,
y que no sólo advierte

1990 *agora*: véase la nota al verso 170.

muerte a las luces, a las vidas muerte,
y pudieras dormida
a sus soplos también perder la vida.   2000

DOÑA MENCÍA

Entenderte pretendo,
y aunque más lo procuro, no te entiendo.

DON GUTIERRE

¿No has visto ardiente llama
perder la luz al aire que la hiere,
y que a este tiempo de otra luz inflama   2005
la pavesa? Una vive y otra muere
a sólo un soplo. Así, desta manera
la lengua de los vientos lisonjera
matarte la luz pudo,
y darme luz a mí.

DOÑA MENCÍA

([Ap.] El sentido dudo.)   2010
Parece que celoso
hablas en dos sentidos.

DON GUTIERRE

([Ap.] Riguroso
es el dolor de agravios;
mas con celos ningunos fueron sabios.)
¿Celoso? ¿Sabes tú lo que son celos?   2015
Que yo no sé qué son, ¡viven los cielos!;
porque si lo supiera,
y celos...

DOÑA MENCÍA [Ap.]
¡Ay de mí!

DON GUTIERRE
...llegar pudiera
a tener... ¿qué son celos?
átomos, ilusiones, y desvelos;...   2020

no más que de una esclava, una criada,
por sombra imaginada,
con hechos inhumanos,
a pedazos sacara con mis manos
el corazón, y luego   2025
envuelto en sangre, desatado en fuego,
el corazón comiera
a bocados, la sangre me bebiera,
el alma le sacara,
y el alma, ¡vive Dios!, despedazara,   2030
si capaz de dolor el alma fuera.
¿Pero cómo hablo yo desta manera?

               DOÑA MENCÍA

Temor al alma ofreces.

               DON GUTIERRE

¡Jesús, Jesús mil veces!
¡Mi bien, mi esposa, cielo, gloria mía!   2035
¡Ah mi dueño! ¡Ah Mencía!
Perdona, por tus ojos,
esta descompostura, estos enojos;
que tanto un fingimiento
fuera de mí llevó mi pensamiento;   2040
y vete, por tu vida; que prometo
que te miro con miedo y con respeto,
corrido deste exceso.
¡Jesús! No estuve en mí, no tuve seso.

               DOÑA MENCÍA [Ap.]

Miedo, espanto, temor, y horror tan fuerte,   2045
parasismos han sido de mi muerte.

2027-28 Aunque su furia no le permita darse cuenta de ello, es-
    tas palabras de don Gutierre recuerdan la santísima comu-
    nión; así vemos que el culto de la honra practicado por don
    Gutierre es a la vez una parodia y una negación de la
    religión cristiana.

DON GUTIERRE [Ap.]
Pues médico me llamo de mi honra,
yo cubriré con tierra mi deshonra.

[Vanse.]

2047-38 Estos versos recuerdan el refrán: "Lo que el médico
erró, errado quedó, y la tierra lo cubrió" (Martínez Kleiser,
40.442; hay otros parecidos).

TERCERA JORNADA

Sale todo el acompañamiento, y don Gutierre y el Rey.

DON GUTIERRE

Pedro, a quien el indio polo
coronar de luz espera,
hablarte a solas quisiera.

2050

REY

Idos todos.

Vase el acompañamiento.
Ya estoy solo.

DON GUTIERRE

Pues a ti, español Apolo,
a ti, castellano Atlante,
en cuyos hombros, constante,
se ve durar y vivir
todo un orbe de zafir,
todo un globo de diamante:
    a ti, pues, rindo en despojos
la vida mal defendida
de tantas penas, si es vida
vida con tantos enojos.
No te espantes que los ojos

2055

2060

2054-58 Véase la nota al verso 675.

también se quejen, señor;
que dicen que amor y honor   2065
pueden, sin que a nadie asombre,
permitir que llore un hombre;
y yo tengo honor y amor:
    honor, que siempre he guardado
como noble y bien nacido,   2070
y amor que siempre he tenido
como esposo enamorado:
adquirido y heredado
uno y otro en mí se ve,
hasta que tirana fue   2075
la nube, que turbar osa
tanto esplendor en mi esposa,
y tanto lustre en su fe.
    No sé cómo signifique
mi pena; turbado estoy...   2080
y más cuando a decir voy
que fue vuestro hermano Enrique
contra quien pido se aplique
desa justicia el rigor:
no porque sepa, señor,   2085
que el poder mi honor contrasta;
pero imaginarlo basta,
quien sabe que tiene honor.
    La vida de vos espero
de mi honra; así la curo   2090
con prevención, y procuro
que ésta la sane primero;
porque si en rigor tan fiero
malicia en el mal hubiera,
junta de agravios hiciera,   2095

2095-98 Aquí también don Gutierre emplea, algo adaptadas, metáforas médicas; *junta de agravios* se refiere a la *junta de
médicos*, "la consulta que tienen sobre el enfermo peligroso"
(Covarrubias); *desahuciar* se emplea en el sentido de "perder la esperança de una cosa. Desahuciado..., particularmente el enfermo, de cuya salud desconfían los Médicos"

a mi honor desahuciara,
con la sangre le lavara,
con la tierra le cubriera.
  No os turbéis; con sangre digo
solamente de mi pecho.   2100
Enrique, está satisfecho
que está seguro conmigo;
y para esto hable un testigo:
esta daga, esta brillante
lengua de acero elegante,   2105
suya fue; ved este día
si está seguro, pues fía
de mí su daga el Infante.

REY

Don Gutierre, bien está;
y quien de tan invencible   2110
honor corona las sienes,
que con los rayos compiten
del sol, satisfecho viva
de que su honor...

DON GUTIERRE

          No me obligue
vuestra Majestad, señor,   2115
a que piense que imagine
que yo he menester consuelos
que mi opinión acrediten.
¡Vive Dios!, que tengo esposa
tan honesta, casta y firme,   2120
que deja atrás las romanas

(Covarrubias); *lavar con sangre* recuerda la costumbre de
lavar el cuerpo del difunto, y *cubrir con tierra,* el entierro.
Se ve que en la mente anormal de don Gutierre la medicina, que cura y da vida, no hace sino enfermar y dar
muerte.

2101 *está* (= *estad*): forma del imperativo que se empleaba con
bastante frecuencia en el siglo XVII, sobre todo en el lenguaje rústico.

Lucrecia, Porcia y Tomiris.
Ésta ha sido prevención
solamente.

REY

    Pues decidme;
para tantas prevenciones,   2125
Gutierre, ¿qué es lo que visteis?

DON GUTIERRE

Nada: que hombres como yo
no ven; basta que imaginen,
que sospechen, que prevengan,
que recelen, que adivinen,   2130
que... no sé cómo lo diga;
que no hay voz que signifique
una cosa, que no sea
un átomo indivisible.
Sólo a vuestra Majestad   2135
di parte, para que evite
el daño que no hay; porque
si le hubiera, de mí fíe
que yo le diera el remedio
en vez, señor, de pedirle.   2140

REY

Pues ya que de vuestro honor
médico os llamáis, decidme,
don Gutierre, ¿qué remedios
antes del último hicisteis?

2122 *Lucrecia, Porcia y Tomiris*: Lucrecia, forzada por Sexto
Tarquino, hijo del rey Tarquino, se mató. Porcia, esposa
de Bruto, se hirió con un puñal para animar a su marido
a matar a Julio César; después, al enterarse de la muerte
de su marido, se suicidó. Tomiris no era romana, sino reina
de los masagetas; dio muerte en una batalla al tirano Ciro
el Grande. Véase *Las bizarrías de Belisa*, en la edición de
A. Zamora Vicente, Madrid, 1963, pp. 125 y 138-39.

DON GUTIERRE

No pedí a mi mujer celos, 2145
y desde entonces la quise
más: vivía en una quinta
deleitosa y apacible;
y para que no estuviera
en las soledades triste, 2150
truje a Sevilla mi casa,
y a vivir en ella vine,
adonde todo lo goza,
sin que nada a nadie envidie;
porque malos tratamientos 2155
son para maridos viles
que pierden a sus agravios
el miedo, cuando los dicen.

REY

El Infante viene allí,
y si aquí os ve, no es posible 2160
que deje de conocer
las quejas que dél me disteis.
Mas acuérdome que un día
me dieron con voces tristes
quejas de vos, y yo entonces 2165
detrás de aquellos tapices
escondí a quien se quejaba;
y en el mismo caso pide
el daño el propio remedio,
pues al revés lo repite. 2170
Y así quiero hacer con vos
lo mismo que entonces hice;
pero con un orden más,
y es que nada aquí os obligue
a descubriros. Callad 2175
a cuanto viereis.

2151 *truje*: véase la nota al verso 194.
2171-76 El rey reconoce tácitamente el fracaso de su interroga-
ción de don Gutierre, causado por la irrupción en la escena
de doña Leonor (932+).

DON GUTIERRE
Humilde
estoy, señor, a tus pies.
Seré el pájaro que fingen
con una piedra en la boca.

Escóndese. Sale el Infante.

REY

Vengáis norabuena, Enrique,   2180
aunque mala habrá de ser,
pues me halláis...

DON ENRIQUE
¡Ay de mí triste!

REY

...enojado.

DON ENRIQUE
Pues, señor,
¿con quién lo estáis, que os obligue?

REY

Con vos, Infante, con vos.   2185

DON ENRIQUE
Será mi vida infelice:
si enojado tengo al sol,
veré mi mortal eclipse.

2176 *viereis,* VT; *vieredes* en QC, S, Q, que da nueve sílabas.
2178-79 Véanse los *Emblemas morales* de J. de Horozco y Co-
    varrubias, Segovia, 1589, fol. 183r: "Passando el monte
    Tauro a su ventura / el ánsar bravo con temor crecido /
    del águila real, siempre procura / bolar de suerte que no
    sea sentido. / Y para su defensa más segura, / porque no
    se descuide en dar graznido, / una piedra en el pico siem-
    pre lleva...". Véase también la nota de J a estos versos,
    y comp. el artículo de M. Oppenheimer, "Two stones and
    one bird", *Modern Language Notes,* LXVII (1952), pp. 253-
    254.
2186 *infelice*: véase la nota al verso 568.

REY

¿Vos, Enrique, no sabéis
que más de un acero tiñe   2190
el agravio en sangre real?

DON ENRIQUE

Pues ¿por quién, señor, lo dice
vuestra Majestad?

REY

Por vos
lo digo, por vos, Enrique.
El honor es reservado   2195
lugar, donde el alma asiste;
yo no soy Rey de las almas:
harto en esto sólo os dije.

DON ENRIQUE

No os entiendo.

REY

Si a la enmienda
vuestro amor no se apercibe,   2200
dejando vanos intentos
de bellezas imposibles,
donde el alma de un vasallo
con ley soberana vive,
podrá ser de mi justicia   2205
aun mi sangre no se libre.

DON ENRIQUE

Señor, aunque tu preceto
es ley que tu lengua imprime

2195-97 Comp. las palabras muy célebres de Pedro Crespo: "el
    honor / es patrimonio del alma, / y el alma sólo es de
    Dios" (*OC*, I, 549b). El rey es la fuente del honor social,
    pero no tiene nada que ver con el honor personal de un
    individuo.
2207 *preceto*: véase la nota al verso 144.

en mi corazón, y en él
como en el bronce se escribe,   2210
escucha disculpas mías;
que no será bien que olvides
que con iguales orejas
ambas partes han de oírse.
Yo, señor, quise a una dama   2215
(que ya sé por quién lo dices,
si bien con poca ocasión);
en efeto, yo la quise
tanto...

REY

¿Qué importa, si ella
es beldad tan imposible?   2220

DON ENRIQUE

Es verdad, pero...

REY

Callad.

DON ENRIQUE

Pues, señor, ¿no me permites
disculparme?

REY

No hay disculpa;
que es belleza que no admite
objeción.

DON ENRIQUE

Es cierto, pero   2225
el tiempo todo lo rinde,
el amor todo lo puede.

2218 *efeto*: véase la nota al verso 144.

REY

([*Ap.*] ¡Válgame Dios, qué mal hice
en esconder a Gutierre!)
Callad, callad.

DON ENRIQUE

      No te incites   2230
tanto contra mí, ignorando
la causa que a esto me obligue.

REY

Yo lo sé todo muy bien.
([*Ap.*] ¡O qué lance tan terrible!)

DON ENRIQUE

Pues yo, señor, he de hablar: 2235
en fin, doncella la quise.
¿Quién, decid, agravió a quién?
¿Yo a un vasallo...

DON GUTIERRE [*Ap.*]
      ¡Ay infelice!

DON ENRIQUE

...que antes que fuese su esposa
fue...?

REY

      No tenéis qué decirme.   2240
Callad, callad, que ya sé
que por disculpa fingisteis
tal quimera. Infante, Infante,
vamos mediando los fines:
¿conocéis aquesta daga?   2245

DON ENRIQUE

Sin ella a palacio vine
una noche.

2238 *infelice*: véase la nota al verso 568.

REY

¿Y no sabéis
dónde la daga perdisteis?

DON ENRIQUE

No, señor.

REY

                    Yo sí, pues fue
adonde fuera posible   2250
mancharse con sangre vuestra,
a no ser el que la rige
tan noble y leal vasallo.
¿No veis que venganza pide
el hombre que aun ofendido,   2255
el pecho y las armas rinde?
¿Veis este puñal dorado?
Geroglífico es que dice
vuestro delito; a quejarse
viene de vos; yo he de oírle.   2260
Tomad su acero, y en él
os mirad: veréis, Enrique,
vuestros defetos.

DON ENRIQUE

                    Señor,
considera que me riñes
tan severo, que turbado...   2265

REY

Tomad la daga...

*Dale la daga, y al tomarla, turbado, el Infante
    corta al Rey la mano.*

                    ¿Qué hiciste,
traidor?

2263 *defetos*: véase la nota al verso 144.
2266 *hiciste*: parece que la turbación del rey es causa de este
    tuteo; hasta aquí, airado, ha voseado al infante.

DON ENRIQUE

¿Yo?

REY

¿Desta manera
tu acero en mi sangre tiñes?
¿Tú la daga que te di
hoy contra mi pecho esgrimes?   2270
¿Tú me quieres dar la muerte?

DON ENRIQUE

Mira, señor, lo que dices;
que yo turbado...

REY

¿Tú a mí
te atreves? ¡Enrique, Enrique!
Detén el puñal, ya muero.   2275

DON ENRIQUE

¿Hay confusiones más tristes?

Cáesele la daga al Infante.

Mejor es volver la espalda,
y aun ausentarme y partirme
donde en mi vida te vea,
porque de mí no imagines   2280
que puedo verter tu sangre
yo, mil veces infelice.

Vase.

2276 En la ortografía calderoniana no hay distinción entre ¡ay!
y *hay*; tampoco existe la distinción en QC o en VT. He pre-
ferido *¿Hay confusiones...?,* pero la lectura *¡Ay confusiones...!* es posible.
2282, 2286 *infelice*: véase la nota al verso 568.

REY

¡Válgame el cielo! ¿Qué es esto?
¡Ah, qué aprehensión insufrible!
Bañado me vi en mi sangre;   2285
muerto estuve. ¿Qué infelice
imaginación me cerca,
que con espantos horribles
y con helados temores
el pecho y el alma oprime?   2290
Ruego a Dios que estos principios
no lleguen a tales fines,
que con diluvios de sangre
el mundo se escandalice.

Vase por otra puerta y sale don Gutierre.

DON GUTIERRE

Todo es prodigios el día.   2295
Con asombros tan terribles,
de que yo estaba escondido
no es mucho que el Rey se olvide.
¡Válgame Dios! ¿Qué escuché?
Mas ¿para qué lo repite   2300
la lengua, cuando mi agravio
con mi desdicha se mide?
Arranquemos de una vez
de tanto mal las raíces.
Muera Mencía; su sangre   2305
bañe el lecho donde asiste:
y pues aqueste puñal

Levántale.

hoy segunda vez me rinde
el Infante, con él muera.
Mas no es bien que lo publique;   2310

2283-94 Don Pedro ve una visión de su muerte a manos de su
  hermanastro don Enrique, a Montiel en 1369, y quizá también de la guerra civil que la precedió.
2290 *oprime*, H; *oprimen* en QC, S, Q, VT.

porque si sé que el secreto
altas vitorias consigue,
y que agravio que es oculto
oculta venganza pide,
muera Mencía de suerte   2315
que ninguno lo imagine.
Pero antes que llegue a esto,
la vida el cielo me quite,
porque no vea tragedias
de un amor tan infelice.   2320
¿Para cuándo, para cuándo
esos azules viriles
guardan un rayo? ¿No es tiempo
de que sus puntas se vibren,
preciando de tan piadosos?   2325
¿No hay, claros cielos, decidme,
para un desdichado muerte?
¿No hay un rayo para un triste?

Vase. Salen doña Mencía y Jacinta.

JACINTA

Señora, ¿qué tristeza
turba la admiración a tu belleza,   2330
que la noche y el día
no haces sino llorar?

DOÑA MENCÍA

                    La pena mía
no se rinde a razones.
En una confusión de confusiones,

2312 *vitorias*: véase la nota al verso 144.
2313-14 Motivo de *A secreto agravio, secreta venganza.*
2320 *infelice*: véase la nota al verso 568.
2325 *preciando*, Q, VT; *preciandoos* en QC, S.
2326-28 Recuérdese la respuesta del infante Fernando a las pala-
       bras de don Juan Coutiño (¡Que no desate / un rayo el
       cielo para darme muerte!): "Don Juan, no ha de quejarse
       de esa suerte / un noble. ¿Quién del cielo desconfía?" (*El
       príncipe constante, OC*, I, 265b-266a).
2330 "Impide que admiremos tu belleza" (nota de J).

ni medidas, ni cuerdas,   2335
desde la noche triste, si te acuerdas,
que viviendo en la quinta,
te dije que conmigo había, Jacinta,
hablando don Enrique
(no sé como mi mal te signifique),   2340
y tú después dijiste que no era
posible, porque afuera,
a aquella misma hora que yo digo,
el Infante también habló contigo,
estoy triste y dudosa,   2345
confusa, divertida y temerosa,
pensando que no fuese
Gutierre quien conmigo habló.

JACINTA

                          ¿Pues ése
es engaño que pudo
suceder?

DOÑA MENCÍA

        Sí, Jacinta, que no dudo   2350
que de noche, y hablando
quedo, y yo tan turbada, imaginando
en él mismo, venía;
bien tal engaño suceder podía.
Con esto el verle agora   2355
conmigo alegre, y que consigo llora
(porque al fin los enojos,
que son grandes amigos de los ojos,
no les encubren nada),
me tiene en tantas penas anegada.   2360

Sale Coquín.

2346 *divertida*: aquí, distraída.
2355 *verle*, VT; *verme* en QC, S, Q.
    agora: véase la nota al verso 170.

COQUÍN

Señora.

DOÑA MENCÍA

¿Qué hay de nuevo?

COQUÍN

Apenas a contártelo me atrevo:
don Enrique el Infante...

DOÑA MENCÍA

Tente, Coquín, no pases adelante;
que su nombre, no más, me causa espanto;   2365
tanto le temo, o le aborrezco tanto.

COQUÍN

No es de amor el suceso,
y por eso lo digo.

DOÑA MENCÍA

Y yo por eso
lo escucharé.

COQUÍN

El Infante,
que fue, señora, tu imposible amante,   2370
con don Pedro su hermano
hoy un lance ha tenido (pero en vano
contártele pretendo,
por no saberle bien, o porque entiendo
que no son justas leyes   2375
que hombres de burlas hablen de los reyes):
esto aparte, en efeto,
Enrique me llamó, y con gran secreto
dijo: 'A doña Mencía

2369 *escucharé*, VT; *escucho* en QC, S, Q.
2377 *efeto*: véase la nota al verso 144.

este recado da de parte mía: 2380
que su desdén tirano
me ha quitado la gracia de mi hermano,
y huyendo desta tierra,
hoy a la ajena patria me destierra,
donde vivir no espero,   2385
pues de Mencía aborrecido muero'.

DOÑA MENCÍA

¿Por mí el Infante ausente,
sin la gracia del Rey? ¡Cosa que intente
con novedad tan grande,
que mi opinión en voz del vulgo ande!   2390
¿Qué haré, cielos?

JACINTA

            Agora
el remedio mejor será, señora,
prevenir este daño.

COQUÍN

            ¿Cómo puede?

JACINTA

Rogándole al Infante que se quede;
pues si una vez se ausenta,   2395
como dicen, por ti, será tu afrenta
pública, que no es cosa
la ausencia de un infante tan dudosa
que no se diga luego
cómo, y por qué.

2391 *Agora*: véase la nota al verso 170.
2392-93 Nótese que la misma criada emplea una metáfora mé-
    dica, y que su consejo ("prevenir este daño") es en efecto
    "curarse sobre sano", "curarse en salud" (véase la nota al
    verso 1467). Doña Mencía toma el consejo, y no hace sino
    empeorar la situación, facilitándole a don Gutierre otra
    "prueba" más.

COQUÍN

            ¿Pues cuándo oirá ese ruego,   2400
si, calzada la espuela,
ya en su imaginación Enrique vuela?

JACINTA

Escribiéndole agora
un papel, en que diga mi señora
que a su opinión conviene   2405
que no se ausente; pues para eso tiene
lugar, si tú le llevas.

DOÑA MENCÍA

Pruebas de honor son peligrosas pruebas;
pero con todo quiero
escribir el papel, pues considero,   2410
y no con necio engaño,
que es de dos daños éste el menor daño,
si hay menor en los daños que recibo.
Quedaos aquí los dos mientras yo escribo.

                    Vase.

JACINTA

¿Qué tienes estos días,   2415
Coquín, que andas tan triste? ¿No solías
ser alegre? ¿Qué efeto
te tiene así?

COQUÍN

            Metíme a ser discreto
por mi mal, y hame dado

2403 *agora*: véase la nota al verso 170.
2412-13 Recuérdese el refrán "De dos males el menor" (Martí-
    nez Kleiser, 38.220).
2417 *efeto*: véase la nota al verso 144.
2419-28 Otro chiste revelador del gracioso (comp. la nota al ver-
    so 1467); en el siglo XVII, *hipocondría* se refería a la parte
    del costado por debajo de las costillas, pero es claro que

tan grande hipocondría en este lado   2420
que me muero.

JACINTA
¿Y qué es hipocondría?

COQUÍN
Es una enfermedad que no la había
habrá dos años, ni en el mundo era.
Usóse poco ha, y de manera
lo que se usa, amiga, no se excusa,   2425
que una dama, sabiendo que se usa,
le dijo a su galán muy triste un día:
'tráigame un poco uced de hipocondría'.
Mas señor entra agora.

JACINTA
¡Ay Dios! Voy a avisar a mi señora.   2430

Sale don Gutierre.

DON GUTIERRE
Tente, Jacinta, espera.
¿Dónde corriendo vas desa manera?

Coquín emplea la palabra con las connotaciones modernas
de "enfermedad imaginada". Comp. *La cisma de Ingalaterra,*
en que el gracioso Pasquín ve una semejanza entre el rey
Enrique VIII y una dama melancólica:

> Yo vi muy triste a una dama
> (y esto es verdad, vive Dios),
> y sólo porque no estaba
> hipocondríaca, siendo
> la enfermedad que se usaba.

(*OC,* I, 153b)

La enfermedad del honor de don Gutierre es principalmente
una enfermedad imaginada, ya que doña Mencía no es
adúltera. ¿Es posible que esté sugiriendo Calderón que
estas enfermedades de honor andan al uso, es decir, que
las causa el pundonor exagerado del siglo XVII?
2425 Expresión proverbial (Martínez Kleiser, 13.829).
2429 *agora*: véase la nota al verso 170.

JACINTA

Avisar pretendía
a mi señora de que ya venía
tu persona.

DON GUTIERRE

　　([*Ap.*] ¡O criados!,   2435
en efeto, enemigos no excusados;
turbados de temor los dos se han puesto.)
Ven acá, dime tú lo que hay en esto;
dime, ¿por qué corrías?

JACINTA

Sólo por avisar de que venías,   2440
señor, a mi señora.

DON GUTIERRE

　　([*Ap.*] Los labios sella.
Mas déste lo sabré mejor que della.)
Coquín, tú me has servido
noble siempre, en mi casa te has criado:
a ti vuelvo rendido;   2445
dime, dime por Dios lo que ha pasado.

COQUÍN

Señor, si algo supiera,
de lástima no más te lo dijera.
¡Plegue a Dios, mi señor...!

DON GUTIERRE

　　　　　　　¡No, no des voces!
Di ¿a qué aquí te turbaste?   2450

COQUÍN

Somos de buen turbar; mas esto baste.

2436 *efeto*: véase la nota al verso 144.
　　　no excusados: de los cuales no se puede prescindir. Comp.
　　　De un castigo, tres venganzas: "dice un discreto que son
　　　[los criados] / enemigos no excusados" (*OC*, I, 52b); y
　　　Martínez Kleiser, 14.207: "Quien ha criados, ha enemigos
　　　excusados" (véanse también 14.208-19).
2441 *señor, a mi señora*, VT; *señora, mi señor* en QC, S, Q.

DON GUTIERRE

([*Ap.*] Señas los dos se han hecho.
Ya no son cobardías de provecho.)
Idos de aquí los dos.

Vanse.

Solos estamos,
honor, lleguemos ya; desdicha, vamos.   2455
¿Quién vio en tantos enojos
matar las manos, y llorar los ojos?

Descubre a doña Mencía escribiendo.

Escribiendo Mencía
está; ya es fuerza ver lo que escribía.

Quítale el papel.

DOÑA MENCÍA

¡Ay Dios! ¡Válgame el cielo!   2460

Ella se desmaya.

DON GUTIERRE

Estatua viva se quedó de hielo.

Lee.

'Vuestra Alteza, señor… (¡Que por Alteza
vino mi honor a dar a tal bajeza!)
no se ausente…' Deténte,
voz; pues le ruega aquí que no se ausente,   2465
a tanto mal me ofrezco,
que casi las desdichas me agradezco.
¿Si aquí le doy la muerte?

2451 *somos de buen turbar*: "nos turbamos con facilidad" (nota
    de J).
2457+, 2459+, 2460+ En QC, *Descubre á doña Mencia escri-*
    biendo, y quitala el papel, y ella se desmaya, todo después
    del verso 2459. Véase también la nota a 2871+.

Mas esto ha de pensarse de otra suerte.
Despediré criadas y criados;   2470
solos han de quedarse mis cuidados
conmigo; y ya que ha sido
Mencía la mujer que yo he querido

Escribe don Gutierre.

más en mi vida, quiero
que en el último vale, en el postrero   2475
parasismo, me deba
la más nueva piedad, la acción más nueva;
ya que la cura he de aplicar postrera,
no muera el alma, aunque la vida muera.

Vase. Va volviendo en sí doña Mencía.

DOÑA MENCÍA

Señor, detén la espada,   2480
no me juzgues culpada:
el cielo sabe que inocente muero.
¿Qué fiera mano, qué sangriento acero
en mi pecho ejecutas? ¡Tente, tente!
Una mujer no mates inocente.   2485
Mas, ¿qué es esto? ¡Ay de mí! ¿No estaba agora
Gutierre aquí? ¿No vía (¿quién lo ignora?)
que en mi sangre bañada
moría, en rubias ondas anegada?
¡Ay Dios, este desmayo   2490
fue de mi vida aquí mortal ensayo!
¡Qué ilusión! Por verdad lo dudo y creo.
El papel romperé... ¿Pero qué veo?
De mi esposo es la letra, y desta suerte
la sentencia me intima de mi muerte.   2495

Lee.

'El amor te adora, el honor te aborrece; y así el uno te
mata, y el otro te avisa: dos horas tienes de vida; cristiana
eres, salva el alma, que la vida es imposible.'

2486 *agora*: véase la nota al verso 170.
2487 *vía*: véase la nota al verso 520.

¡Válgame Dios! ¡Jacinta, hola! ¿Qué es esto?
¿Nadie responde? ¡Otro temor funesto!
¿No hay ninguna criada?
Mas, ¡ay de mí!, la puerta está cerrada:
nadie en casa me escucha.   2500
Mucha es mi turbación, mi pena es mucha.
Destas ventanas son los hierros rejas,
y en vano a nadie le diré mis quejas,
que caen a unos jardines, donde apenas
habrá quien oiga repetidas penas.   2505
¿Dónde iré desta suerte,
tropezando en la sombra de mi muerte?

Vase. Salen el Rey y don Diego.

REY

En fin, ¿Enrique se fue?

DON DIEGO

Sí, señor; aquesta tarde
salió de Sevilla.

REY

Creo   2510
que ha presumido arrogante
que él solamente de mí
podrá en el mundo librarse.
¿Y dónde va?

DON DIEGO

Yo presumo
que a Consuegra.

REY

Está el Infante   2515
Maestre allí, y querrán los dos

2503 *le*, VT; *les* en QC, S, Q.
2515-22 En la provincia de Toledo, a cien kilómetros de Montiel
(véanse los versos 2634-37), Consuegra no tiene nada que
ver con los hermanastros del rey don Pedro. Según tradi-

a mis espaldas vengarse
de mí.

DON DIEGO

Tus hermanos son,
y es forzoso que te amen
como a hermano, y como a Rey   2520
te adoren: dos naturales
obediencias son.

REY

Y Enrique,
¿quién lleva que le acompañe?

DON DIEGO

Don Arias.

REY

Es su privanza.

DON DIEGO

Música hay en esta calle.   2525

REY

Vámonos llegando a ellos;
quizá con lo que cantaren
me divertiré.

DON DIEGO

La música
es antídoto a los males.

---

ciones antiguas, se refugió allí el prior de San Juan cuando
el rey don Pedro quiso matarle: véase el romance "Don
García [o *Rodrigo*] de Padilla...", en *El romancero del rey
don Pedro*, edición de A. Pérez Gómez, Valencia, 1954,
núm. XVII. El *Maestre* es el infante don Fadrique, hermano
gemelo de don Enrique, y maestre de Santiago. Efectivamente, los hermanastros se rebelaron contra don Pedro. Durante una tregua, el rey hizo matar a don Fadrique en Sevilla en mayo de 1358.

Cantan.

El Infante don Enrique   2530
hoy se despidió del Rey;
su pesadumbre y su ausencia
quiera Dios que pare en bien.

REY

¡Qué triste voz! Vos, don Diego,
echad por aquesa calle,   2535
no se nos escape quien
canta desatinos tales.

Vase cada uno por su puerta,
y salen don Gutierre y Ludovico, cubierto el rostro.

DON GUTIERRE

Entra, no tengas temor;
que ya es tiempo que destape
tu rostro, y encubra el mío.   2540

LUDOVICO

¡Válgame Dios!

DON GUTIERRE

No te espante
nada que vieres.

LUDOVICO

Señor,
de mi casa me sacasteis
esta noche; pero apenas
me tuvisteis en la calle,   2545
cuando un puñal me pusisteis
al pecho, sin que cobarde
vuestro intento resistiese,

2530-33 y 2634-37 Es muy probable que Calderón haya conocido
        algunos de los muchos romances que tratan del rey don
        Pedro, y que haya compuesto éste a imitación de ellos.

que fue cubrirme y taparme
el rostro, y darme mil vueltas   2550
luego a mis propios umbrales.
Dijisteis más, que mi vida
estaba en no destaparme;
un hora he andado con vos,
sin saber por dónde ande.   2555
Y con ser la admiración
de aqueste caso tan grave,
más me turba y me suspende
impensadamente hallarme
en una casa tan rica,   2560
sin ver que la habite nadie
sino vos, habiéndoos visto
siempre ese embozo delante.
¿Qué me queréis?

DON GUTIERRE

          Que te esperes
aquí sólo un breve instante.   2565

Vase.

LUDOVICO

¿Qué confusiones son éstas,
que a tal extremo me traen?
¡Válgame Dios!

Vuelve [don Gutierre].

DON GUTIERRE

          Tiempo es ya
de que entres aquí; mas antes
escúchame: aqueste acero   2570
será de tu pecho esmalte,
si resistes lo que yo

2554 *un hora*: es bastante frecuente en la poesía este tipo de
apócope.

tengo agora de mandarte.
Asómate a ese aposento.
¿Qué ves en él?

LUDOVICO

　　　　　Una imagen   2575
de la muerte, un bulto veo,
que sobre una cama yace;
dos velas tiene a los lados,
y un crucifijo delante.
Quién es no puedo decir,   2580
que con unos tafetanes
el rostro tiene cubierto.

DON GUTIERRE

Pues a ese vivo cadáver
que ves, has de dar la muerte.

LUDOVICO

Pues ¿qué quieres?

DON GUTIERRE

　　　　　Que la sangres,   2585
y la dejes, que rendida
a su violencia desmaye
la fuerza, y que en tanto horror
tú atrevido la acompañes,
hasta que por breve herida   2590
ella expire y se desangre.
No tienes a qué apelar,

2573 *agora*: véase la nota al verso 170.
2585-91 Según el reparto, Ludovico es sangrador. Como se de-
　　　duce de los versos 2836-47, el médico recetaba la sangría, y el
　　　sangrador la llevaba a cabo; es decir, el oficio de sangrador
　　　era bastante humilde (véanse los versos 2671-72), y se com-
　　　binaba con el de barbero (2846). Se recetaban sangrías para
　　　muchos males en la época de Calderón.
2591 Los textos antiguos tienen *espire*, pero en la ortografía del
　　　siglo XVII no había distinción entre *expirar* y *espirar*. Lo mis-
　　　mo ocurre en 2691.

si buscas en mí piedades,
sino obedecer, si quieres
vivir.

LUDOVICO

   Señor, tan cobarde   2595
te escucho, que no podré
obedecerte.

DON GUTIERRE

   Quien hace
por consejos rigurosos
mayores temeridades,
darte la muerte sabrá.   2600

LUDOVICO

Fuerza es que mi vida guarde.

DON GUTIERRE

Y haces bien, porque en el mundo
ya hay quien viva porque mate.
Desde aquí te estoy mirando,
Ludovico: entra delante.   2605

     Vase [*Ludovico*].
Éste fue el más fuerte medio
para que mi afrenta acabe
disimulada, supuesto
que el veneno fuera fácil
de averiguar, las heridas   2610
imposibles de ocultarse.
Y así, constando la muerte,
y diciendo que fue lance
forzoso hacer la sangría,
ninguno podrá probarme   2615
lo contrario, si es posible
que una venda se desate.

2604 *porque*: véase la nota al verso 772.

Haber traído a este hombre
con recato semejante,
fue bien; pues si descubierto   2620
viniera, y viera sangrarse
una mujer, y por fuerza,
fuera presunción notable.
Éste no podrá decir,
cuando cuente aqueste trance,   2625
quién fue la mujer; demás
que, cuando de aquí le saque,
muy lejos ya de mi casa,
estoy dispuesto a matarle.
Médico soy de mi honor,   2630
la vida pretendo darle
con una sangría; que todos
curan a costa de sangre.

*Vase, y vuelven el Rey, y don Diego, cada uno por su
puerta; y cantan dentro.*

MÚSICA

Para Consuegra camina,
donde piensa que han de ser   2635
teatros de mil tragedias
las montañas de Montiel.

REY

Don Diego.

DON DIEGO

            Señor.

REY

            Supuesto

2629 Nótese esta inhumanidad. Don Gutierre cree que está cul-
      pada doña Mencía, pero Ludovico no tiene nada que ver
      con esta deshonra imaginada.
2636 *teatros,* Q, VT; *tratos* en QC, S.
2637 *Montiel*: don Pedro murió a manos de su hermanastro En-

que cantan en esta calle,
¿no hemos de saber quién es?   2640
¿Habla por ventura el aire?

DON DIEGO

No te desvele, señor,
oír estas necedades,
porque a vuestro enojo ya
versos en Sevilla se hacen.   2645

REY

Dos hombres vienen aquí.

DON DIEGO

Es verdad: no hay que esperarles
respuesta. Hoy el conocerles
me importa.

Saca don Gutierre a Ludovico, tapado el rostro.

DON GUTIERRE *[Ap.]*
          ¡Que así me ataje
el cielo, que con la muerte   2650
deste hombre eche otra llave
al secreto! Ya me es fuerza
de aquestos dos retirarme;
que nada me está peor
que conocerme en tal parte.   2655
Dejaréle en este puesto.

[Vase.]

---

rique en 1369, cerca del castillo de Montiel. En este romance
profético y misterioso, Calderón nos recuerda otra vez la
muerte del rey infausto.
2647-49 *no hay... importa*: todas las ediciones atribuyen estas
palabras a don Diego; pero no parece probable que a don
Diego le interese mucho la identidad de los que cantan.
2649+ *Saca don Gutierre a Ludovico,* Q; *Saca a don Gutierre
Ludovico* en QC, S.
2654 *me*, VT; *no* en QC, S, Q.

DON DIEGO

De los dos, señor, que antes
venían, se volvió el uno,
y el otro se quedó.

REY

    A darme
confusión; que si le veo   2660
a la poca luz que esparce
la luna, no tiene forma
su rostro: confusa imagen
el bulto mal acabado
parece de un blanco jaspe.   2665

DON DIEGO

Téngase su Majestad,
que yo llegaré.

REY

    Dejadme,
don Diego. ¿Quién eres, hombre?

LUDOVICO

Dos confusiones son parte,
señor, a no responderos: 2670
la una, la humildad que trae
consigo un pobre oficial,

Descúbrese.

para que con reyes hable
(que ya os conocí en la voz,
luz que tan notorio os hace);   2675
la otra, la novedad
del suceso más notable
que el vulgo, archivo confuso,
califica en sus anales.

2672+ Véase la nota a la acotación 774+.
2678 En *La virgen del sagrario* el *archivo confuso* es el tiempo
   (*OC*, I, 600a).

REY

¿Qué os ha sucedido?

LUDOVICO

        A vos   2680
lo diré; escuchadme aparte.

REY

Retiraos allí, don Diego.

DON DIEGO [*Ap.*]

Sucesos son admirables
cuantos esta noche veo:
Dios con bien della me saque.   2685

LUDOVICO

No la vi el rostro, mas sólo
entre repetidos ayes
escuché: 'Inocente muero;
el cielo no te demande
mi muerte'. Esto dijo, y luego   2690
expiró; y en este instante
el hombre mató la luz,
y por los pasos que antes
entré, salí. Sintió ruido
al llegar a aquesta calle,   2695
y dejóme en ella solo.
Fáltame ahora de avisarte,
señor, que saqué bañadas
las manos en roja sangre,
y que fui por las paredes   2700
como que quise arrimarme,
manchando todas las puertas,
por si pueden las señales
descubrir la casa.

REY

        Bien
hicisteis: venid a hablarme   2705
con lo que hubiereis sabido,

2691 *expiró*: véase la nota al verso 2591.

y tomad este diamante,
y decid que por las señas
dél os permitan hablarme
a cualquier hora que vais.   2710

LUDOVICO

El cielo, señor, os guarde.

Vase.

REY

Vamos, don Diego.

DON DIEGO

¿Qué es eso?

REY

El suceso más notable
del mundo.

DON DIEGO

Triste has quedado.

REY

Forzoso ha sido asombrarme.   2715

DON DIEGO

Vente a acostar, que ya el día
entre dorados celajes
asoma.

REY

No he de poder
sosegar, hasta que halle
una casa que deseo.   2720

DON DIEGO

¿No miras que ya el sol sale,
y que podrán conocerte
desta suerte?

Sale Coquín.

COQUÍN

Aunque me mates,
habiéndote conocido,
o señor, tengo de hablarte: 2725
escúchame.

REY

Pues, Coquín,
¿de qué los extremos son?

COQUÍN

Ésta es una honrada acción
de hombre bien nacido, en fin;
que aunque hombre me consideras   2730
de burlas, con loco humor,
llegando a veras, señor,
soy hombre de muchas veras.
Oye lo que he de decir,
pues de veras vengo a hablar;   2735
que quiero hacerte llorar,
ya que no puedo reír.
Gutierre, mal informado
por aparentes recelos,
llegó a tener viles celos   2740
de su honor; y hoy, obligado
a tal sospecha, que halló
escribiendo (¡error cruel!)
para el Infante un papel
a su esposa, que intentó   2745
con él que no se ausentase,
porque ella causa no fuese
de que en Sevilla se viese
la novedad que causase
pensar que ella le ausentaba...   2750
con esta inocencia pues
(que a mí me consta), con pies
cobardes, adonde estaba
llegó, y el papel tomó,
y, sus celos declarados,   2755

despidiendo a los criados,
todas las puertas cerró,
    solo se quedó con ella.
Yo, enternecido de ver
una infelice mujer,   2760
perseguida de su estrella,
    vengo, señor, a avisarte
que tu brazo altivo y fuerte
hoy la libre de la muerte.

REY

¿Con qué he de poder pagarte   2765
    tal piedad?

COQUÍN

            Con darme aprisa
libre, sin más accidentes,
de la acción contra mis dientes.

REY

No es ahora tiempo de risa.

COQUÍN

    ¿Cuándo lo fue?

REY

            Y pues el día   2770
aun no se muestra, lleguemos,
don Diego. Así, pues, daremos
color a una industria mía,
    de entrar en casa mejor,
diciendo que me ha cogido   2775
el día cerca, y he querido
disimular el color
    del vestido; y una vez
allá, el estado veremos

2760 *infelice*: véase la nota al verso 568.

del suceso; y así haremos   2780
como Rey, Supremo Juez.

DON DIEGO
No hubiera industria mejor.

COQUÍN
De su casa lo has tratado
tan cerca, que ya has llegado;
que ésta es su casa, señor.   2785

REY
Don Diego, espera.

DON DIEGO
¿Qué ves?

REY
¿No ves sangrienta una mano
impresa en la puerta?

DON DIEGO
Es llano.

REY [*Ap.*]
Gutierre sin duda es
el cruel que anoche hizo   2790
una acción tan inclemente.
No sé qué hacer; cuerdamente
sus agravios satisfizo.

Salen doña Leonor y [Inés], criada.

DOÑA LEONOR
Salgo a misa antes del día,
porque ninguno me vea   2795
en Sevilla, donde crea
que olvido la pena mía.

2795 *porque*: véase la nota al verso 772.

Mas gente hay aquí. ¡Ay, Inés!
¿El Rey qué hará en esta casa?

INÉS

Tápate en tanto que pasa.   2800

REY

Acción excusada es,
porque ya estáis conocida.

DOÑA LEONOR

No fue encubrirme, señor,
por excusar el honor
de dar a tus pies la vida.   2805

REY

Esa acción es para mí,
de recatarme de vos,
pues sois acreedor, por Dios,
de mis honras; que yo os di
palabra, y con gran razón,   2810
de que he de satisfacer
vuestro honor; y lo he de hacer
en la primera ocasión.

Don Gutierre, dentro.

DON GUTIERRE

Hoy me he de desesperar,
cielo cruel, si no baja   2815
un rayo de esas esferas,
y en cenizas me desata.

REY

¿Qué es esto?

DON DIEGO

Loco furioso
don Gutierre de su casa
sale.

REY

¿Dónde vais, Gutierre?   2820

DON GUTIERRE

A besar, señor, tus plantas;
y de la mayor desdicha,
de la tragedia más rara,
escucha la admiración
que eleva, admira y espanta.   2825
Mencía, mi amada esposa,
tan hermosa como casta,
virtuosa como bella
(dígalo a voces la fama):
Mencía, a quien adoré   2830
con la vida y con el alma,
anoche a un grave accidente
vio su perfección postrada,
por desmentirla divina
este accidente de humana.   2835
Un médico, que lo es
el de mayor nombre y fama,
y el que en el mundo merece
inmortales alabanzas,
la recetó una sangría,   2840
porque con ella esperaba
restituir la salud
a un mal de tanta importancia.
Sangróse en fin; que yo mismo,
por estar sola la casa,   2845
llamé el barbero, no habiendo
ni criados ni criadas.
A verla en su cuarto, pues,
quise entrar esta mañana
(aquí la lengua enmudece,   2850

2836-39 Las palabras de don Gutierre son bastante irónicas, si
     las comparamos con refranes como "Médicos y abogados,
     Dios nos libre del más afamado" (Martínez Kleiser, 40.361).
2836-47 Véase la nota a los versos 2585-91.

aquí el aliento me falta);
veo de funesta sangre
teñida toda la cama,
toda la ropa cubierta,
y que en ella, ¡ay Dios!, estaba   2855
Mencía, que se había muerto
esta noche desangrada.
Ya se ve cuán fácilmente
una venda se desata.
¿Pero para qué presumo   2860
reducir hoy a palabras
tan lastimosas desdichas?
Vuelve a esta parte la cara,
y verás sangriento el sol,
verás la luna eclipsada,   2865
deslucidas las estrellas,
y las esferas borradas;
y verás a la hermosura
más triste y más desdichada,
que por darme mayor muerte,   2870
no me ha dejado sin alma.

Descubre a doña Mencía en una cama, desangrada.

REY

¡Notable sujeto! ([*Ap.*] Aquí
la prudencia es de importancia:
mucho en reportarme haré:
tomó notable venganza.)   2875
Cubrid ese horror que asombra,
ese prodigio que espanta,
espectáculo que admira,
símbolo de la desgracia.
Gutierre, menester es   2880
consuelo; y porque le haya
en pérdida que es tan grande,

2871+ *Descubre...*: el cuerpo de doña Mencía está en la escena
    interior; don Gutierre abre el telón que separa las escenas
    y, sin duda, vuelve a cerrarlo después de 2876.

con otra tanta ganancia,
dadle la mano a Leónor;
que es tiempo que satisfaga   2885
vuestro valor lo que debe,
y yo cumpla la palabra
de volver en la ocasión
por su valor y su fama.

                    DON GUTIERRE

Señor, si de tanto fuego   2890
aún las cenizas se hallan
calientes, dadme lugar
para que llore mis ansias.
¿No queréis que escarmentado
quede?

                    REY

          Esto ha de ser, y basta.   2895

                    DON GUTIERRE

Señor, ¿queréis que otra vez,
no libre de la borrasca,
vuelva al mar? ¿Con qué disculpa?

                    REY

Con que vuestro Rey lo manda.

                    DON GUTIERRE

Señor, escuchad aparte   2900
disculpas.

                    REY

          Son excusadas.
¿Cuáles son?

                    DON GUTIERRE

          ¿Si vuelvo a verme
en desdichas tan extrañas,
que de noche halle embozado
a vuestro hermano en mi casa?   2905

2884 *dadle,* S, VT; *dà de* en QC, Q.

REY

No dar crédito a sospechas.

DON GUTIERRE

¿Y si detrás de mi cama
hallase tal vez, señor,
de don Enrique la daga?

REY

Presumir que hay en el mundo   2910
mil sobornadas criadas,
y apelar a la cordura.

DON GUTIERRE

A veces, señor, no basta.
¿Si veo rondar después
de noche y de día mi casa?   2915

REY

Quejárseme a mí.

DON GUTIERRE

            ¿Y si cuando
llego a quejarme, me aguarda
mayor desdicha escuchando?

REY

¿Qué importa si él desengaña;
que fue siempre su hermosura   2920
una constante muralla,
de los vientos defendida?

DON GUTIERRE

¿Y si volviendo a mi casa
hallo algún papel que pide
que el Infante no se vaya?   2925

2912 *apelar,* VT; *apela* en QC, *apelà* en S, Q.
2919 *él*: probablemente se refiere a don Enrique, cuyas palabras
al rey sugirieron que estaba culpada doña Mencía.

REY

Para todo habrá remedio.

DON GUTIERRE

¿Posible es que a esto le haya?

REY

Sí, Gutierre.

DON GUTIERRE

¿Cuál, señor?

REY

Uno vuestro.

DON GUTIERRE

¿Qué es?

REY

Sangralla.

DON GUTIERRE

¿Qué decís?

REY

Que hagáis borrar   2930
las puertas de vuestra casa;
que hay mano sangrienta en ella.

DON GUTIERRE

Los que de un oficio tratan,
ponen, señor, a las puertas
un escudo de sus armas: 2935
trato en honor, y así pongo
mi mano en sangre bañada
a la puerta; que el honor
con sangre, señor, se lava.

2929 *sangralla*: véase la nota al verso 656.

REY

Dádsela, pues, a Leonor,   2940
que yo sé que su alabanza
la merece.

DON GUTIERRE

Sí la doy.
Mas mira, que va bañada
en sangre, Leonor.

DOÑA LEONOR

No importa;
que no me admira ni espanta.   2945

DON GUTIERRE

Mira que médico he sido
de mi honra: no está olvidada
la ciencia.

DOÑA LEONOR

Cura con ella
mi vida, en estando mala.

DON GUTIERRE

Pues con esa condición   2950
te la doy. Con esto acaba
el Médico de su honra.
Perdonad sus muchas faltas.

ÍNDICE DE PALABRAS Y EXPRESIONES
COMENTADAS

215

ÍNDICE DE LÁMINAS

ESTE LIBRO
SE TERMINÓ DE IMPRIMIR
EL DÍA 12 DE JULIO DE 2003

ÚLTIMOS TÍTULOS PUBLICADOS